# 100 originelle Glückwunschkarten

Sabine Miller

# 100 originelle
# Glückwunschkarten

Ravensburger Ratgeber
im Urania Verlag

# Inhalt

Wie schön und wichtig ist es doch gerade heute, in unserer schnelllebigen Zeit, Verwandte und Freunde mit guten Wünschen und lieben Grüßen zu bedenken. Mit selbst gefertigten Karten können Sie Menschen, die Ihnen nahe stehen, eine sehr persönliche Freude bereiten und ihnen zeigen, dass Sie sie auch im Alltagsstress nicht vergessen haben. Ein ganz individuell entworfener Glückwunsch kommt einem mit Liebe ausgewählten Geschenk gleich und beglückt den Adressaten noch viel mehr als eine Karte „von der Stange". Sie werden erstaunt sein, wie viele unterschiedliche Gestaltungsmöglichkeiten und originelle, phantasievoll kombinierte Materialien Ihnen in diesem Buch begegnen. Sie finden hier passende Glückwunschideen für Groß und Klein, Alt und Jung, Mann und Frau. Ich stelle Ihnen traditionelle Glückwunschkarten, witzige, edle, blumige, effektvoll gebastelte Grüße und Gutscheine in vielen Variationen vor.

Mit Sorgfalt gestaltet, passen die hier vorgestellten Karten an jede Pinnwand oder in einen Rahmen. Damit eignen sie sich auch zur aparten Dekoration und bieten die Möglichkeit der bleibenden Erinnerung an einen ganz besonderen Tag. Die gezeigten Techniken werden Schritt für Schritt erklärt. Sie können die Modelle nacharbeiten oder sich zu eigenen phantasievollen Schöpfungen anregen lassen. Genießen Sie die Freude, die kreatives Schaffen mit sich bringt.

Es gibt nichts
Schöneres,
die Seele zu
erfreuen,
als guter Freunde
zu gedenken.
　　　　Shakespeare

In diesem Sinne wünsche ich Ihnen viel Spaß beim Nachbasteln und Entwickeln Ihrer eigenen kreativen Ideen!

Ihre
Sabine Miller

Zum Herstellen der in diesem Buch vorgestellten Modelle benötigen Sie folgendes Material, auf das bei den entsprechenden Karten hingewiesen wird:

**Papier:**
Tonpapier, Tonkarton, Wellpappe, stärkeres Pergamentpapier, Seidenpapier, Strohseide, Naturpapier, Packpapier, Urkundenpapier, Servietten, Aquarellpapier, Computerpapier

**Folie:**
Overheadfolie, stabile Bastelfolie

**Weiteres Zubehör:**
Draht in verschiedenen Stärken, Federn, Steine, Perlen, Streuteile, Holzstückchen, Holzbuchstaben, Holzklammern, Holzspieße, Zahnstocher, Stoff- und Filzreste, Stoff- und getrocknete Blüten, Blattgirlanden, Bast, Geschenkbänder, Paketschnur, Sisalband, Bindfaden, Nähgarn, Knöpfe, kleine Spiegel, Spielgeld, Süßigkeiten, Postkarten, Werbeprospekte, alte Kalender und Zeitungen, Parfümproben aus der Drogerie, Kindergeburtstagskerzen, Silvester-Tischfeuerwerke

Folgende Werkzeuge werden je nach Gestaltungsbeispiel benutzt: Wellenschere, Zackenschere, Bastelmesser, Handbohrer, Nähnadel, Papierribbler, Alleskleber, Heißklebepistole, Klebepads, Lochzange, Lochnieten, Nietenzange, Musterklammern, Gelschreiber, Filzstifte, Prägestift

Lineal, Schere, Bleistift und Klebestift benötigen Sie für fast jede Karte. Diese Materialien werden nicht jedesmal aufgeführt.

**Techniken:**
Für jede Karte wird das gewählte Papier auf die Maße 30 × 21 cm zugeschnitten und entlang der vertikalen Mittelachse gefaltet. Alle Kartenvorschläge sind für die üblichen Kartenmaße 15 × 10,5 cm ausgearbeitet, lassen sich jedoch, wie am Beispiel der Karte: „Willst du gerne mal nach... Paris?" (Seite 34) zu sehen, auch auf andere Formate übertragen.
Um Karten aus Naturpapier oder Wellpappe im Innenteil besser beschriften zu können, wird jeweils ein passendes Rechteck aus weißem Tonpapier ausgeschnitten und in die Karte geklebt.

**Vorlagen übertragen:**
Zum Übertragen der Motive vom Vorlagenbogen auf das jeweilige Material, z. B. Tonpapier, benötigen Sie Transparentpapier, Kohlepapier und einen Bleistift.
Legen Sie zunächst das Transparentpapier auf die Vorlage und zeichnen Sie die Konturen mit dem Bleistift nach. Anschließend wird das Kohlepapier mit der schwarzen Seite nach unten auf das Tonpapier gelegt. Das Transparentpapier auf das Kohlepapier legen und die Motivkonturen mit dem Bleistift nachziehen.

Zum Übertragen von Vorlagen auf schwarzes Papier wird statt Kohlepapier weißes oder gelbes Kopierpapier verwendet.

**Serviettentechnik:**
Bei dieser Technik wird ein Serviettenmotiv auf den Untergrund appliziert. Sie benötigen dazu eine Serviette, Spezialkleber (z. B. Transferlack) und einen Pinsel.
Schneiden oder reißen Sie das gewählte Motiv vorsichtig aus der Serviette aus und entfernen Sie die beiden unteren Papierlagen. Den Untergrund gleichmäßig mit Spezialkleber bestreichen und das Motiv auflegen. Das Serviettenpapier mit den Fingern sanft ausstreichen. Nach dem Trocknen wird eine weitere Schicht Spezialkleber aufgetragen.

**Schablonentechnik:**
Hierfür brauchen Sie einen festen Karton, ein Bastelmesser, Acrylfarbe und einen runden Borstenpinsel (Schablonierpinsel) oder Schwammpinsel.
Die Schablone wird der Vorlage entsprechend aus dem Karton zugeschnitten. Legen Sie sie an der gewünschten Stelle auf den zu dekorierenden Untergrund und tragen Sie nur wenig Farbe mit tupfenden und gleichzeitig kreisenden Bewegungen auf.

**Prägen:**
Mit einem Prägestift kann Aluminium oder dickes Papier mit

Mustern oder Textzeilen versehen werden. Dazu legen Sie das
Material auf eine weiche Unter-
lage und bringen die gewünschte Verzierung mit dem Prägestift
auf. Alternativ kann auch eine
leere Kugelschreibermine zum
Prägen verwendet werden.

### Arbeiten mit Draht:
Dünner Draht kann mit der
Hand in die gewünschte Form
gebogen und mit einer All-
zweckschere zugeschnitten
werden. Für das Biegen von
dickerem Draht können Sie
eine Drahtzange verwenden;
dicke Drahtstücke werden am
besten mit der Kombizange
abgeschnitten.

### Gedruckte Glückwünsche:
Das Erstellen der Grußformeln
erfordert keine besonderen
Fertigkeiten am Computer, die
Beherrschung eines einfachen
Schreibprogramms ist völlig
ausreichend.
Ist ein Farbdrucker verfügbar,
kann der Text farbig auf Computerpapier oder Overheadfolie ausgedruckt werden,
ansonsten kommen die Glückwünsche auf farbigen Karten
auch in Schwarz-Weiß gut zur
Geltung.

Tonpapier ausschneiden und auf das kleine Quadrat kleben.

## Na, rate mal, wem ich zum Geburtstag gratuliere?

■ **Material**

Karte aus Tonkarton grün, Zirkel, Tonkarton weiß, hellgrün, grün, dunkelgrün, kleine Perle weiß, Nähnadel, Nähgarn weiß, Computerpapier, Klebepads, runder Spiegel, Heißklebepistole

Auf die Vorderseite der Karte mit dem Zirkel einen Kreis mit einem Durchmesser von 6 cm zeichnen und bis auf ein 1 cm langes Stück am linken Rand ausschneiden, sodass er sich wie ein Fenster aufklappen lässt. Nun mit dem Zirkel zwei Kreisrahmen auf weißem und hellgrünem Tonkarton zeichnen, mit einem Innendurchmesser von 6 cm und einem Außendurchmesser von 8 cm (weiß) bzw. 9 cm (hellgrün). Rahmen ausschneiden. Dann beide Rahmen übereinander mit Klebestift um die Kreisöffnung der Karte kleben.

Befestigen Sie die Perle mit der Nadel und weißem Nähgarn als Griff am „Fenster". Anschließend aus dem weißen, grünen und hellgrünen Tonkarton mehrere Kreise mit einem Durchmesser von 5 cm ausschneiden, halbieren und die Kreishälften auf der Karte verteilt aufkleben.

## Heute ist dein Tag!

■ **Material**

Karte aus Naturpapier hellblau, Tonpapier weiß, Postkarte mit Himmelmotiv/Tonkarton hellblau, Computerpapier, Klebepads, Holzstreuteile: Sonne, Wolke, Handbohrer, Stickgarn weiß, Sticknadel, Tonpapier rot

Schneiden Sie ein 14 cm hohes und 10 cm breites Rechteck aus weißem Tonpapier zu und kleben Sie es mit Klebestift auf die Innenseite der Karte. Nun werden aus einer Postkarte oder aus hellblauem Tonkarton zwei unterschiedlich große Rechtecke und ein kleines Quadrat ausgeschnitten und mit dem Klebestift auf die Vorderseite der Karte geklebt.

Am Computer einen runden Schriftzug erstellen, rot ausdrucken und rund ausschneiden. Fixieren Sie den Kreis mit vier Klebepads auf der Karte. Anschließend bohren Sie mit dem Handbohrer jeweils ein Loch in die Wolke und die Sonne und fädeln die Streuteile mit der Nadel auf ein Stück Stickgarn auf. Das obere Garnende wird am unteren Rand durch den aufgeklebten Papierkreis gezogen und festgeknotet. Zum Schluss ein Herz aus rotem

Den Glückwunschtext am Computer erstellen, rot ausdrucken und ausschneiden. Die Textzeilen jeweils auf einen etwas größeren dunkelgrünen Tonkartonstreifen kleben. Mit Klebepads auf der Karte befestigen. Den Spiegel mit Heißkleber so auf der Karteninnenseite fixieren, dass er sich genau hinter der Kreisöffnung befindet.

## Kleiner Gruß

### ■ Material

Karte aus Naturpapier weiß, Tonpapier weiß, Lochzange, Tonkarton weiß, Lochniete, Nietenzange, Geschenkband rot, Stoffstreuteil: Herz, Heißklebepistole Computerpapier

Ein Rechteck (14 × 10 cm) aus weißem Tonpapier zuschneiden und mit Klebestift auf die Innenseite der Karte kleben. Die Kartenvorderseite 2 cm unterhalb des oberen Randes mit zwei untereinander liegenden Löchern versehen.
Nun aus weißem Tonkarton ein Rechteck (8 × 6 cm) zuschneiden und am oberen Rand lochen. Stecken Sie eine Lochniete durch das Loch und drücken Sie sie mit der Nietenzange fest. Anschließend das Geschenkband durch die Löcher in der Karte sowie durch die Lochniete ziehen und die Bandenden zusammenknoten.
Das Herz wird mit Heißkleber auf dem Tonkartonrechteck be-

festigt. Dann die Textzeile am Computer erstellen, rot ausdrucken und ausschneiden. Den Textstreifen schräg um die Vorderseite der Karte kleben.

## Mein Wunsch ...

### ■ Material

Karte aus Tonkarton hellgrün, Tonpapier weiß, Lochzange, Stickgarn weiß, Sticknadel, Streuteile: 3 Apfelscheiben, Alleskleber, Computerpapier

Schneiden Sie ein Rechteck (14 × 10 cm) aus weißem Tonpapier zu und kleben Sie es mit Klebestift auf die Innenseite der

Karte. Anschließend aus der Vorderseite der Karte mittig ein Rechteck (12 × 7 cm) herausschneiden.
Den oberen und unteren Innenrand des entstandenen Rahmens in gleichmäßigen Abständen mit fünf kleinen Löchern versehen. Dann jeweils ein passendes Stück Bindfaden mit der Nadel durch zwei gegenüberliegende Löcher ziehen. Fadenende verknoten.
Nun werden die Apfelscheiben mit Alleskleber auf den Bindfäden fixiert. Zuletzt den Text am Computer erstellen, rot ausdrucken und ausschneiden. Den Textstreifen an einen der Bindfäden kleben.

## Herz

■ **Material**

Karte aus Tonkarton rot, Computerpapier, Wellpappe rot, Transparentpapier, Kohlepapier, Lochzange, Nähgarn, Nähnadel, Tonpapier weiß, Naturpapier weiß, Goldkordel, Gelschreiber

Erstellen Sie zunächst den Glückwunschtext am Computer und drucken Sie ihn rot aus. Anschließend die kleinere Vorlage vom Vorlagenbogen auf den Computerausdruck, die etwas größere auf rote Wellpappe übertragen (siehe Seite 6). Die Motive ausschneiden und das bedruckte Herz mit Klebestift auf das Herz aus Wellpappe kleben. Alternativ können Sie die beiden Teile auch entlang der vertikalen Mittelachse mit weißem Nähgarn aufeinander nähen. Die Herzen am oberen Rand lochen.

Nun ein Rechteck (12 × 8 cm) aus weißem Tonpapier zuschneiden und mittig auf die Vorderseite der Karte kleben. Dann schneiden Sie ein kleineres Rechteck aus Naturpapier aus und kleben es auf das Tonpapier. 1 cm unterhalb des oberen Naturpapierrandes werden zwei untereinander liegende Löcher in die Karte gestanzt. Ein Stück Goldkordel durchziehen und die Herzen an der Karte befestigen.

Das Rechteck aus Tonpapier wird im Abstand von 5 mm mit weißem Gelschreiber umrahmt. Zuletzt am linken Rand Gold-

kordel um die Vorderseite der Karte legen und die Enden zusammenknoten.

## Blumenvase

■ **Material**

Karte aus Tonkarton braun, Computerpapier, Transparentpapier, Kohlepapier, Naturpapier weiß, blau, Tonkarton braun, Tonpapier beige, Packpapier, Klebepads, Stickgarn weiß, Holzstreuteil: Marienkäfer, Alleskleber

Den Glückwunschtext am Computer erstellen und blau ausdrucken. Dann die Vorlagen auf den Computerausdruck, das Naturpapier und den braunen Tonkarton übertragen (siehe Seite 6) und die Motive ausschneiden. Die Vase wird mit dünnen Ton- und Naturpapierstreifen beklebt.

Nun ein Rechteck (13 × 9 cm) aus beigefarbenem Tonpapier ausschneiden und mittig auf die Vorderseite der Karte kleben. Ein etwas kleineres Rechteck aus Packpapier ausschneiden und auf das Tonpapier kleben. Die Vase und die Blüten werden mit Klebepads auf der Karte befestigt. Am linken Rand Stickgarn um die Vorderseite der Karte legen und die Enden zusammenknoten. Zum Schluss den Marienkäfer mit Alleskleber aufkleben.

## Für dich, lieber Hans

■ **Material**

Karte aus Tonkarton hellblau, Filzstift blau, Computerpapier, Tonkarton hellblau, Klebepads, Holzbuchstabe blau, Alleskleber, Serviette mit Bienenmotiv, Tonpapier weiß, Spezialkleber, Lochzange, Stickgarn weiß, Sticknadel

Diese Glückwunschkarte ist als Querformat angelegt.

Zeichnen Sie auf der Vorderseite der Karte 5 mm vom Rand entfernt einen Rahmen mit blauem Filzstift ein. Dann erstellen Sie die Glückwünsche und die Widmung am Computer und drucken beides in Blau aus. Den Glückwunschtext in Form eines Rechtecks (8 × 14 cm) zuschneiden und mittig auf die Karte kleben. Die Widmung ebenfalls ausschneiden und auf einen etwas größeren hellblauen Tonkartonstreifen kleben. Das Ganze mit Klebepads auf der Karte befestigen. Anschließend den Holzbuchstaben mit Alleskleber passend auf die Widmung kleben und den Kleber trocknen lassen. Im linken Drittel der Karte ober- und unterhalb des Computerausdrucks jeweils zwei untereinander liegende Löcher einstanzen. Das Stickgarn mit der Nadel durch die Löcher ziehen und verknoten.

Nun das Bienenmotiv aus der Serviette ausschneiden und mit Spezialkleber auf dem weißen

Tonpapier befestigen (siehe Seite 6). Nach dem Trocknen des Klebers das Motiv wiederum ausschneiden und mit Alleskleber auf das Stickgarn kleben.

## Herzlichen Glückwunsch

■ **Material**

Karte aus Tonkarton beige, Pappe hellbraun, Wellenschere, Klebestift, Packpapier, Klebepads, Holzbuchstabe grün, Alleskleber, Paketschnur, Holzstreuteil: Stift

Schneiden Sie mit der Wellenschere einen Streifen (21 × 1 cm) aus Pappe zu. Den Streifen halbieren und am oberen und unteren Rand der Karte jeweils eine Streifenhälfte mit Klebestift aufkleben. Dann den Text am Computer erstellen und auf Packpapier in Grün ausdrucken. Schneiden Sie aus dem Ausdruck ein

Rechteck (12 × 10, 5 cm) zu und kleben Sie es mittig auf die Vorderseite der Karte. Nun aus dem Rest des Textes eine Zeile ausschneiden und auf einen etwas größeren Streifen Pappe kleben. Das Ganze mit Klebepads auf der Karte fixieren. Anschließend den Holzbuchstaben mit Alles-

kleber passend auf der Textzeile befestigen und den Kleber trocknen lassen.
Am linken Rand Paketschnur um die Vorderseite der Karte legen und die Enden zusammenknoten. Anschließend den Stift mit Alleskleber auf die Paketschnur kleben.

## Wir gratulieren

■ **Material**

Karte aus Tonkarton rot, Naturpapier beige, Serviette mit Rosenmotiven, Spezialkleber, Pinsel, Computerpapier, Tonpapier rot, Lochzange, Bast naturfarben, Holzstreuteil: Herz, Handbohrer, Stickgarn weiß, Sticknadel

Zunächst ein Rechteck (14,5 × 9,5 cm) vorsichtig aus dem Naturpapier reißen. Dann die Rosenmotive aus der Serviette reißen und mit Spezialkleber auf dem Naturpapier befestigen (siehe Seite 6). Nach dem Trocknen des Klebers das Naturpapier mit Klebestift auf die Vorderseite der Karte kleben.
Nun den Text am Computer erstellen und rot ausdrucken. Die Textzeile ausschneiden und auf einen etwas größeren roten Tonpapierstreifen und diesen auf die Karte kleben. Anschließend 1 cm vom rechten Rand entfernt in gleichmäßigen Abständen sechs Lochpaare einstanzen. Den Bast so durch die Löcher ziehen, dass drei untereinander liegende Kreuze entstehen. Dann bohren Sie mit dem Handbohrer ein Loch in das Herz. Ein Stück Stickgarn durch das Loch ziehen und das Herz damit am unteren Bastkreuz befestigen.

## Rose

■ **Material**

Karte aus Aquarellpapier, Gelschreiber silber, Naturpapier weiß, Serviette mit Rosenmotiven, Spezialkleber, Pinsel, Transparentpapier, Kohlepapier, Tonkarton weiß, Overheadfolie, Klebepads, Metallstreuteile: 2 Blätter mit Loch, Nähgarn, Nähnadel

Zeichnen Sie auf der Vorderseite der Karte 5 mm vom Rand entfernt einen Rahmen mit silberfarbenem Gelschreiber ein. Dann ein Rechteck (13 × 9 cm) vorsichtig aus dem Naturpapier reißen. Das Rosenmotiv wird aus der Serviette gerissen und mit Spezialkleber mittig auf dem Naturpapier befestigt (siehe Seite 6). Nach dem Trocknen des Klebers das Naturpapier mit Klebestift auf die Vorderseite der Karte kleben. Nun übertragen Sie die Rahmenvorlage auf weißen Tonkarton (siehe Seite 6) und schneiden den Rahmen aus. Anschließend den Text am Computer erstellen und auf Overheadfolie in Rot ausdrucken. Die Textzeile passend zuschneiden und in den dafür vorgesehenen Ausschnitt des Rahmens kleben. Danach den Rahmen mit Klebepads auf der Karte fixieren. Zuletzt befestigen Sie die Metallblätter mit Nähgarn am Rahmen.

## Zum Geburtstag

### ◼ Material

Karte aus Tonkarton beige,
Serviette mit Rosenmotiven,
Spezialkleber, Pinsel, Stoffstreu-
teile: 3 Rosen, Heißklebepistole,
Computerpapier, Tonpapier beige,
Lochzange, Stickgarn beige

Schneiden Sie ein Rechteck
(15 × 10,5 cm) aus der Serviette
aus und befestigen Sie den Ausschnitt mit Spezialkleber auf
der Vorderseite der Karte (siehe
Seite 6). Lassen Sie den Kleber
gut trocknen.
Dann werden die Stoffrosen mit
Heißkleber auf der Karte befestigt.
Nun den Text am Computer erstellen und grün ausdrucken.
Die Textzeile ausschneiden und
mit Klebestift auf einen etwas
größeren beigefarbenen Tonpapierstreifen kleben. Den Streifen am linken Rand lochen.
Anschließend unterhalb der
Rosen zwei untereinander liegende Löcher in die Kartenvorderseite stanzen. Ein Stück
Stickgarn durch die Löcher
ziehen und den Textstreifen an
der Karte befestigen. Am linken
Rand Stickgarn um die Vorderseite der Karte legen und die
Enden zusammenknoten.

### Herzlichen Glückwunsch

### ◼ Material

Karte aus Tonkarton beige, Naturpapier beige, Transparent-

papier, Kohlepapier, Lochzange,
Stickgarn beige, Stoffstreuteile:
3 Rosen, Heißklebepistole,
Overheadfolie, Tonpapier beige

Die Rahmenvorlage dreimal auf
Naturpapier übertragen (siehe
Seite 6) und drei Rahmen ausschneiden. Dann jede Rahmen-
ecke mit einem Loch versehen.
Die drei Teile so mit Stickgarn
verbinden, dass ein großer
Rahmen mit drei „Fenstern"
entsteht. Jedes Garnende wird
mit einem Knoten an einem
der beiden unteren Löcher
fixiert.

Das Ganze mittig auf die Vorderseite der Karte kleben. Danach
jeweils eine Rose mit Heißkleber
in einem der Fenster befestigen.
Anschließend erstellen Sie den
Text am Computer und drucken
ihn auf Overheadfolie in Grün
aus. Die Textzeile auf einen
passenden Rahmen aus beigefarbenem Tonpapier kleben
und an der linken Schmalseite
lochen. Nun die Karte in der
linken oberen Ecke ebenfalls
mit einem Loch versehen. Ein
Stück Stickgarn durch die beiden
Löcher ziehen und die Garnenden zusammenknoten.

## Gratuliere

### ■ Material

Karte aus Tonkarton hellgrün, Naturpapier dunkelgrün, Holzstreuteile: 4 Quadrate mit Blumenmotiv, Handbohrer, dünner Draht, Heißklebepistole, Computerpapier

Aus grünem Naturpapier ein Quadrat (9 × 9 cm) und einen Streifen (9 × 2,5 cm) reißen. Beides mit Klebestift auf die Vorderseite der Karte kleben. In jeweils drei Ecken der vier Holzvierecke kleine Löcher bohren. Dann die Vierecke so mit Draht verbinden, dass sie ein Quadrat ergeben. Befestigen Sie das Ganze mit Heißkleber auf dem Naturpapierquadrat. Anschließend den Text am Computer erstellen, in Grün ausdrucken und ausschneiden. Der Textstreifen wird mit Klebestift auf den Streifen aus Naturpapier geklebt.

## Es grünt so grün

### ■ Material

Karte aus Tonkarton grün, Transparentpapier, Kohlepapier, Wellpappe grün, Computerpapier, Wellenschere, Stickgarn grün, Naturpapier grün, Heißklebepistole, Kindergeburtstagskerze weiß, Messer, Silberpapier, Klebepads, Efeublattgirlande

Übertragen Sie zunächst die Blumentopfvorlage auf Well-

pappe (siehe Seite 6) und schneiden Sie die drei Teile des Blumentopfes aus. Dann den Text am Computer erstellen, grün ausdrucken und in der Form einer Tüte von 10 cm Länge und 5 cm Breite (Oberkante) ausschneiden. Die obere Kante wird mit der Wellenschere nachgeschnitten.
Um die „Tüte" ein Stück grünes Stickgarn binden und kleine Herzen aus Naturpapier mit Alleskleber an den Garnenden befestigen. Nun die Kindergeburtstagskerze mit einem Messer auf 4,5 cm Länge kürzen und längs halbieren. Der Docht wird herausgezogen.
Schneiden Sie das Silberpapier passend zu und kleben Sie es von hinten so an die Tüte, dass an der Tütenoberkante ein schmaler silberner Streifen zu sehen ist. Die Kerze wird von hinten quer an die Silberfolie geklebt, auch von ihr sollten nur einige Millimeter zu sehen sein. Danach kleben Sie den Docht mittig von hinten an die Kerze, sodass er nach oben weist.
Die Tüte mit Klebepads, die Kerzenunterseite mit Heißkleber versehen und das Ganze auf der Vorderseite der Karte fixieren.
Die Efeublattgirlande auf der Karte arrangieren und mit Heißkleber festkleben.
Anschließend kleben Sie die Blumentopfteile mit Heißkleber so auf, dass der Tütenansatz verdeckt wird. Zuletzt ein Efeublatt

in der linken unteren Ecke auf die Karte kleben.

## Alles Gute

### ■ Material

Karte aus Naturpapier dunkelgrün, Tonpapier weiß, hellgrün, Computerpapier, Holzstreuteil: Blüte, Heißklebepistole

Zunächst ein Rechteck (14 × 10 cm) aus weißem Tonpapier zuschneiden und mit Klebestift auf die Innenseite der Karte kleben. Anschließend schneiden Sie zwei 15 × 1 cm große und zwei 10,5 × 1 cm große Streifen aus hellgrünem Tonpapier zu. Die längeren Streifen werden jeweils am oberen und unteren, die kürzeren am linken und rechten Rand der Kartenvorderseite aufgeklebt.
Nun den Text am Computer erstellen und in Grün ausdrucken. Die Textzeilen passend ausschneiden und auf den hellgrünen Tonpapierrahmen kleben. Zuletzt wird das Streuteil mit Heißkleber mittig auf der Karte befestigt.

## Die schönste Geschichte schreibt das Leben

### ■ Material

Karte aus Tonkarton hellgrün, Tonkarton dunkelgrün, grünweiß gestreift, Computerpapier, Transparentpapier, Kohlepapier, Holzstreuteil: Blüte, Alleskleber, Stickgarn grün

Diese Glückwunschkarte ist als Querformat angelegt. Zunächst erstellen Sie das Büchlein. Hierfür die Vorlage für den Buchumschlag und den Streifen auf dunkelgrünen Tonkarton, die etwas kleinere Vorlage für die Einlegeblätter auf Computerpapier übertragen (siehe Seite 6). Alle Teile ausschneiden. Den Buchumschlag an den gestrichelten Linien, die Einlegeblätter an der Mittellinie falten. Dann werden die Einlegeblätter in das Buch geklebt und der Streifen am linken Rand mit Klebestift auf der Buchvorderseite aufgebracht. Die Blüte mit Alleskleber auf dem Buch befestigen. Danach aus dem grün-weiß gestreiften Tonkarton ein Rechteck (9 × 14 cm) ausschneiden und mittig auf die Vorderseite der Karte kleben. Anschließend den Text am Computer erstellen und in Grün ausdrucken. Die Textzeile ausschneiden und auf

einen etwas größeren dunkelgrünen Tonpapierstreifen kleben. Das Ganze am unteren Rand auf dem gestreiften Tonkarton fixieren.

Nun wird das Buch schräg auf der Karte befestigt. Zum Schluss grünes Stickgarn um die Vorderseite der Karte legen und die Enden zusammenknoten.

## Ein Jahr voll Sonne

### ■ Material

Karte aus Naturpapier dunkelgrün, Tonpapier weiß, Strohseide hellgrün, Stoffstreuteil: Sonnenblume, Heißklebepistole, Tonpapier hellgrün, Bastelmesser, Tüte Blumen-Fit

Ein Rechteck (14 × 10 cm) aus weißem Tonpapier zuschneiden und mit Klebestift auf die Innenseite der Karte kleben. Schneiden Sie anschließend aus hellgrüner Strohseide ein Rechteck (11 × 8 cm) zu und kleben Sie es mittig auf die Vorderseite der Karte. Die Sonnenblume wird mit Heißkleber auf dem Naturpapier fixiert. Dann die Textzeile am Computer erstellen und auf hellgrünem Tonpapier in Dunkelgrün ausdrucken. Die Zeile ausschneiden und auf einen hellgrünen Tonpapierstreifen (23 × 1,5 cm) kleben.
Nun die Karte aufklappen und 1 cm vom unteren Rand entfernt mit dem Bastelmesser einen 1,5 cm langen Schlitz in den Kartenfalz einschneiden. Den Streifen durch den Schlitz stecken und den Text mittig platzieren.

Die Streifenenden übereinander kleben. Zuletzt wird die Tüte Blumen-Fit unter der Blume fixiert.

## Hier kommt deine Geburtstagskarte

### ■ Material

Karte aus Tonkarton hellorange, Filz weiß, Zackenschere, Lochzange, Geschenkband weiß, Nähgarn, Nähnadel, Alleskleber, Computerpapier, Tonkarton weiß, Filzstift schwarz, Aufkleber: Blumen, Herzen

Schneiden Sie aus weißem Filz einen Streifen (30 × 10 cm) zu. Die Schmalseiten werden mit der Zackenschere nachgeschnitten. Dann an den langen Seiten 4 cm von den Schmalrändern entfernt jeweils ein Loch einstanzen. Durch jedes Loch ein Stück Geschenkband ziehen und zu einer Schleife binden. Danach wird ein Filzrechteck (5 × 6 cm) zugeschnitten und 6 cm von einer der Schmalkanten entfernt als Tasche auf den Streifen genäht. Nun legen Sie den Streifen um die Vorderseite der Karte. Die Schmalränder etwas raffen und mit Alleskleber auf der Karte fixieren. Aus weißem Tonkarton ein Rechteck (7 × 5 cm) ausschneiden und mit Filzstift und Aufklebern zu einer „Mini-Postkarte" gestalten, auf die Rückseite einen Geburtstagsgruß schreiben. Zuletzt wird die Postkarte in die Filztasche gesteckt.

## Süße Geburtstagsgrüße

### ■ Material

Karte aus Tonkarton silber, Naturpapier blau, Tonkarton silber, 3 Schokotäfelchen, Heißklebepistole, Drahtstreuteil: Blüte, Teelichthalter, Bastelmesser, Prägestift, Alleskleber, Overheadfolie

Aus dunkelblauem Naturpapier ein 13 × 9,5 cm großes, aus silberfarbenem Tonkarton ein 11 × 6 cm großes Rechteck zuschneiden. Das größere Rechteck mittig auf die Vorderseite der Karte kleben, das kleinere etwas nach links versetzt auf dem Naturpapier befestigen. Nun umwickeln Sie drei Schokotäfelchen mit Naturpapier und fixieren sie mit etwas Heißkleber auf der rechten Kartenhälfte. Dann wird das Streuteil aufgeklebt. Anschließend schneiden Sie mit dem Bastelmesser einen 12 cm langen und 1 cm breiten Aluminiumstreifen vom Rand eines Teelichthalters ab. Zeichnen Sie mit dem Prägestift zehn Herzen auf den Streifen und kleben Sie diesen mit Alleskleber auf den linken Rand des silberfarbenen Tonkartonrechtecks. Danach den Text am Computer erstellen und auf Overheadfolie blau ausdrucken. Die Textzeile ausschneiden. 1 cm vom unteren Rand entfernt eine passende Öffnung in die Karte schneiden und den Folienstreifen von hinten dagegen kleben.

## Wild und gefährlich

### ■ Material

Karte aus Tonkarton mit Tigermuster, Tonpapier weiß, Lochzange, Juteschnur orange, kleine Tüte mit Fruchtgummis, Computerpapier, Tonkarton mit Tigermuster, Klebepads

Ein Rechteck (14 × 10 cm) aus weißem Tonpapier zuschneiden und mit Klebestift auf die Innenseite der Karte kleben. Anschließend 2 cm unterhalb des oberen Randes zwei nebeneinander liegende Löcher in die Karte stanzen. Die Fruchtgummi-Tüte wird ebenfalls gelocht und mit Juteschnur an der Karte befestigt. Die Bandenden zu einer Schleife binden.

Am linken Rand Juteschnur um die Vorderseite der Karte legen und die Enden zusammenknoten. Nun den Text am Computer erstellen, schwarz ausdrucken und ausschneiden. Die Textzeilen auf ein etwas größeres Tonkartonrechteck kleben und das Ganze mit Klebepads auf der Vorderseite der Karte fixieren.

## Lass es dir gut geh'n!

### ■ Material
Karte aus Tonkarton hellgrün, weißes Tonpapier, Papierribbler, Lochzange, Stickgarn weiß, Streuteile: 3 Herzen, Heißklebepistole, Pergamentpapier weiß, Schokotäfelchen, Computerpapier

Aus weißem Tonpapier ein Rechteck (7 × 8 cm) und einen Streifen (6 × 2 cm) zuschneiden.

Dann wird beides durch den Papierribbler gedreht. Kleben Sie das Rechteck mit Klebestift mittig auf die Vorderseite der Karte.
Neben den Ecken des Rechtecks jeweils ein Loch in die Karte stanzen. Je zwei Löcher mit einem Garnstück verbinden und die Garnenden an der Rückseite der Karte zusammenknoten. Anschließend am unteren Rand Stickgarn um die Vorderseite der Karte legen und die Enden zusammenknoten. Ein Herz mit Heißkleber auf dem Garn aufbringen.
Nun die Vorlage auf Pergamentpapier übertragen, den Umschlag ausschneiden und das Schokotäfelchen damit einschlagen. Das Päckchen wird mit Garn verschnürt und mit Heißkleber auf dem weißen Tonpapierrechteck fixiert.
Erstellen Sie den Text am Computer und drucken Sie ihn in Grün aus. Die Textzeile ausschneiden und mit Klebestift auf den vorbereiteten weißen Tonpapierstreifen kleben. Danach lochen Sie den Streifen und befestigen ihn an der Päckchenschnur. Die Garnenden werden zu einer Schleife gebunden. Zuletzt fixieren Sie ein Herz an jedem Garnende.

## Duftende Geburtstagsgrüße

### ■ Material
Karte aus Tonkarton hellbraun, Naturpapier beige, Nähgarn beige, Nähnadel, kleine Perlen beige, Nylonsäckchen hellbraun (9 × 6 cm), Alleskleber, Keramikstreuteile: 2 Herzen, Duftöl, Stickgarn weiß, Computerpapier, Tonkarton hellbraun, Klebepads

Schneiden Sie ein Rechteck (14,5 × 10 cm) aus Naturpapier zu und kleben Sie es mittig auf die Vorderseite der Karte. Dann zwei 35 cm lange Nähgarnstücke abschneiden und mit der Nadel je sechs Perlen auffädeln. Die Garnstücke jeweils am linken und rechten Rand um die Kartenvorderseite legen und an den Enden zusammenknoten. Anschließend wird das Säckchen mit Perlen beklebt. Die Herzen mit Duftöl beträufeln und in das Säckchen geben. Dieses mit einem Stück Stickgarn verschließen

und auf die Karte kleben. Nun den Text am Computer erstellen und braun ausdrucken. Die Textzeile ausschneiden und auf einen etwas größeren Tonkartonstreifen kleben. Danach das Ganze mit Klebepads unterhalb des Säckchens auf der Karte befestigen.

## Lavendel

### ■ Material

Karte aus Tonkarton lila, Tonpapier weiß, Tonkarton in drei unterschiedlichen Lilatönen, getrockneter Lavendel, Geschenk-band grün, Geschenkfolie, Lochzange, durchsichtiges Klebeband, Zirkel, Computerpapier, Klebepads

Ein Rechteck (14 × 10 cm) aus weißem Tonpapier zuschneiden und mit Klebestift auf der Innenseite der Karte befestigen. Anschließend aus helllilafarbenem Tonkarton ein Rechteck (13 × 7 cm) ausschneiden und etwas nach links versetzt auf die Vorderseite der Karte kleben. Nun den Lavendel mit Geschenkband zu einem Sträußchen binden. Die Geschenkfolie pas-

send zuschneiden, an einigen Stellen lochen und um das Sträußchen wickeln. Das Ganze wird mit Klebeband mittig auf der Karte fixiert.
Der Text wird am Computer erstellt und lila ausgedruckt. Jeden Buchstaben einzeln ausschneiden. Danach mit dem Zirkel acht Kreise mit einem Durchmesser von 2 cm auf Tonkarton zeichnen und ausschneiden. Jeden Tonkartonkreis mit einem Buchstaben versehen, dann in passender Reihenfolge mit Klebepads am rechten Rand der Karte fixieren.

## Glückwünsche erfühlen

■ **Material**

Karte aus Tonkarton hellbraun, Filz braun, Alleskleber, Naturpapier beige, Juteband braun (4 cm breit), Holzstreuteil: Blüte, mit Löchern, Paketschnur, Sticknadel, Computerpapier, Tonkarton weiß, Lochzange

Aus dem Filz ein Rechteck (30 × 21 cm) zuschneiden und mit Alleskleber um die Außenseite der Karte kleben. Dann reißen Sie ein Rechteck (8 × 7 cm) aus dem Naturpapier und befestigen es mittig auf der Kartenvorderseite. Ein 6 cm

langes Stück Juteband zuschneiden und auf das Naturpapier kleben.
Anschließend wird die Blüte auf Paketschnur gefädelt. Mit der Sticknadel auf mittlerer Höhe ein Loch in den Kartenfalz stechen, die Schnur durchziehen und die Bandenden auf der Vorderseite der Karte verknoten. Die Blüte sollte auf dem Juteband aufliegen.
Nun den Text am Computer erstellen und grün ausdrucken. Die Textzeile ausschneiden und auf einen etwas größeren weißen Tonkartonstreifen kleben. Danach wird der Textstreifen am linken Rand gelocht und mit einem Knoten an den

langen Enden der Paketschnur fixiert.

## Fühl mal, wie lieb wir dich haben …

■ **Material**

Karte aus Tonkarton beige, Seidenpapier weiß, Aquarellpapier, Lochzange, verschiedene weiche Materialien: Filz, Samt, Vlies, Fell, Schafwolle, Chenilledraht, Federn, Heißklebepistole, Computerpapier, Tonkarton beige, Stickgarn weiß

Schneiden Sie ein Rechteck (13 × 9 cm) aus Seidenpapier zu und befestigen Sie es mit Klebestift mittig auf der Vorderseite der Karte. Dann werden neun Quadrate mit einer Seitenlänge von 3 cm aus Aquarellpapier zugeschnitten und in gleichmäßigen Abständen auf das Seidenpapier geklebt.
Nun die verschiedenen weichen Materialien passend zuschneiden und jeweils mit Heißkleber auf den Quadraten fixieren. Anschließend erstellen Sie den Text am Computer und drucken ihn in Rot aus. Die Textzeile ausschneiden und auf einen etwas größeren beigefarbenen Tonkartonstreifen kleben. Dann den Streifen am linken Rand lochen.
In die linke obere Ecke der Karte ebenfalls ein Loch stanzen. Ein Stück Stickgarn durch das Loch ziehen und den Textstreifen an der Karte befestigen.

## Federleicht

### ■ Material

Karte aus Tonkarton beige, Karte aus Strohseide sandfarben, Pergamentpapier weiß, Serviette mit Federmotiv, Spezialkleber, Pinsel, weißes Tonpapier, Gelschreiber weiß, Stickgarn weiß, Feder, Computerpapier, Tonkarton beige, Lochzange

Kleben Sie zunächst die Karte aus Strohseide mit Klebestift um die Tonpapierkarte. Anschließend schneiden Sie einen Streifen (15 × 6 cm) aus Pergamentpapier zu und befestigen ihn mittig auf der Vorderseite der Karte.

Nun aus der Serviette mit etwas Zugabe vorsichtig ein Federmotiv reißen und mit Spezialkleber auf weißem Tonpapier aufbringen (siehe Seite 6). Nach dem Trocknen das Motiv in Form eines Rechtecks (8 × 4,5 cm) ausschneiden und auf dem Seidenpapier befestigen. Dann wird das Rechteck mit weißem Gelschreiber umrahmt.

Am linken Rand Stickgarn um die Vorderseite der Karte legen und die Garnenden zusammenknoten. Mit einem weiteren Stück Stickgarn befestigen Sie die Feder 2 cm oberhalb des unteren Kartenrandes am Garn.

Dann den Text am Computer erstellen und braun ausdrucken. Schneiden Sie die Textzeile aus und kleben Sie sie auf einen etwas größeren Tonkartonstreifen. Das Ganze am linken Rand lochen und mit Stickgarn oberhalb der Feder am Garn fixieren.

## Gefunden für dich ...

### ■ Material

Karte aus Naturpapier hellblau, Tonpapier weiß, Pappe, Zirkel, Federn, Heißklebepistole, Holzstreuteil: Herz, Computerpapier, Lochzange, Paketschnur

Ein Rechteck (14 × 10 cm) aus weißem Tonpapier zuschneiden und mit Klebestift auf der Innenseite der Karte befestigen. Anschließend zeichnen Sie mit dem Zirkel einen Kreis mit einem Durchmesser von 2,5 cm und vom selben Mittelpunkt aus einen Kreis mit einem Durchmesser von 4 cm auf die Pappe. Entlang den Kreislinien einen Ring ausschneiden. Nun die Federn mit Heißkleber dicht nebeneinander auf dem Ring fixieren und diesen auf die Vorderseite der Karte kleben. In der Ringmitte wird das Herz befestigt. Dann erstellen Sie den Text am Computer und drucken ihn in Blau aus. Die Textzeile ausschneiden und auf einen etwas größeren weißen Tonpapierstreifen kleben. Das Ganze am linken Rand lochen und mit Paketschnur um die Kartenvorderseite binden.

Herzenswunsch: federleicht und doch felsenfest, ~~vogelfrei und doch hautnah,~~ ~~beflügelt und doch verwurzelt.~~

Gefunden für dich...

Weil du heut Geburtstag hast,
ist bei dir was los.
Und weil wir bei dir zu Gast,
ist die Freude groß.
Hell brennt das Geburtstagslicht,
es leuchtet hell und klar.
Wir wünschen dir,
wir wünschen dir
ein gutes neues Jahr.

Bunte Blumen haben wir
für dich allein gepflückt.
Wir wünschen dir,
wir wünschen dir,
dass dir heut alles glückt.

## Weil du heut' Geburtstag hast

### ■ Material

Karte aus Tonkarton schwarz, Tonpapier weiß, Naturpapier rot, Overheadfolie, Alleskleber, Geschenkband weiß mit Herzen (2,5 cm breit), Bastelmesser, Stoffstreuteile: 3 Blumen, Heißklebepistole

Schneiden Sie ein Rechteck (14 × 10 cm) aus weißem Tonpapier zu und befestigen Sie es mit Klebestift auf der Innenseite der Karte. Danach ein Rechteck (14 × 9 cm) aus dem Naturpapier reißen und mittig auf die Vorderseite der Karte kleben.

Nun wird das Geschenkband passend zugeschnitten und am linken Rand auf die Karte geklebt. Anschließend erstellen Sie den Text am Computer und drucken ihn auf Overheadfolie in Rot aus. Die Glückwünsche in Form eines Rechtecks ausschneiden. Dann aus der Karte ein etwas kleineres Rechteck herausschneiden und den Text von hinten dagegen kleben.

Das Geschenkband wird entlang der Kontur des untersten Herzmotivs ein Stück eingeritzt. Die Blumen am Stielende mit Heißkleber versehen und in den Schlitz stecken.

## Friesenbaum im Topf

### ■ Material

Karte aus Tonkarton grün, Naturpapier weiß, Transparentpapier, Kohlepapier, Tonkarton hellbraun, Strohhalme, Heißklebepistole, Holzstreuteile: 6 Herzen, Geschenkband grünweiß kariert, Computerpapier, Tonkarton weiß

Reißen Sie ein Rechteck (14 × 9 cm) aus Naturpapier und befestigen Sie es mit Klebestift auf der Vorderseite der Karte. Dann die Blumentopfvorlage auf hell-

braunen Tonkarton übertragen (siehe Seite 6) und den Blumentopf ausschneiden.

Nun die Strohhalme passend zuschneiden, mit Heißkleber in Form eines Friesenbaumes zusammenkleben und das Ganze auf die Karte aufbringen. Ein Strohhalmrest wird der Länge nach halbiert. Eine Hälfte in drei der Topfbreite entsprechende Teile zuschneiden und die Stücke quer auf den Blumentopf kleben. Danach wird dieser so auf der Karte befestigt, dass er das untere Ende des „Bäumchenstammes" verdeckt.

Die Herzen auf die Karte kleben. Anschließend drei kleine Geschenkbandstücke zu Schleifen binden und diese jeweils an einem Halmkreuz fixieren.

Den Text am Computer erstellen und in Grün ausdrucken. Die Textzeile ausschneiden und auf einen etwas größeren weißen Tonkartonstreifen kleben. Zum Schluss den Textstreifen auf der Baumspitze anbringen.

## Gereimte Geburtstagsgrüße

### ■ Material

Karte aus Naturpapier dunkelgrün, Tonpapier weiß, grüne Wellpappe, Zackenschere, Overheadfolie, Alleskleber, Bast orange, Holzstreuteil: Blumentopf, Heißklebepistole

Zunächst ein Rechteck (14 × 10 cm) aus weißem Tonpapier

zuschneiden und mit Klebestift auf der Innenseite der Karte befestigen. Dann aus grüner Wellpappe ein Rechteck (8 × 5 cm) zuschneiden. Die Längskanten werden mit der Zackenschere nachgeschnitten. Kleben Sie das Rechteck 2 cm vom unteren Rand entfernt auf die Vorderseite der Karte.

Nun wird der Text am Computer erstellt und auf Overheadfolie grün ausgedruckt. Die Glückwünsche mit etwas Zugabe in Form eines Rechtecks ausschneiden. Aus der Karte ein etwas kleineres Rechteck herausschneiden und den Text mit Alleskleber von hinten dagegen kleben.

Anschließend ein Stück Bast am linken Rand um die Kartenvorderseite legen und an den Enden zusammenknoten. Zum Schluss wird der Blumentopf mit Heißkleber mittig auf der Wellpappe fixiert.

## Glückwunsch, kleiner Schatz!

### ■ Material

Karte aus Wellpappe schwarz, Tonpapier weiß, braun, schwarz, Computerpapier, Alleskleber, Transparentpapier, Kohlepapier, Kopierpapier, Gelschreiber weiß, silber, Glitzerkleber silber, gold, Tonkarton silber, Lochzange, Heißklebepistole, Holzspieß, Filzrest rot, Streuteile: 3 Silberkelche

Schneiden Sie ein Rechteck (14 × 10 cm) aus weißem Tonpapier zu und befestigen Sie es mit Klebestift auf der Innenseite der Karte. Anschließend wird der Text am Computer erstellt und in Schwarz ausgedruckt. Den Textstreifen ausschneiden. Aus der Karte 1 cm vom unteren Rand entfernt einen etwas kleineren Streifen herausschneiden und den Text mit Alleskleber von hinten dagegen kleben.
Nun die Vorlage für die Schatztruhe auf braunes und die Vorlage für die Flagge auf schwarzes Tonpapier übertragen (siehe Seite 6). Schatztruhe und Flagge ausschneiden. Dann zeichnen Sie die Konturen der Schatztruhe mit silberfarbenem Gelschreiber nach und füllen das Innere mit Glitzerkleber aus. Die Silbertaler werden mit der Lochzange aus silberfarbenem Tonkarton ausgestanzt und mit Alleskleber aufgeklebt.

Danach mit weißem Gelschreiber das Piratenzeichen auf die Flagge malen. Den Holzspieß passend kürzen und die Flagge mit Heißkleber am oberen Spießende fixieren. Einen schmalen, kurzen Streifen aus Filz ausschneiden und um die Mitte der Fahnenstange binden.
Schatztruhe, Flagge und Streuteile auf die Karte kleben. Zuletzt verzieren Sie das Ganze mit Glitzerkleber.

## Ju-hu-hu! Geburtstag hast du-hu-hu!

### ■ Material

Karte aus Tonkarton hellrot, Tonpapier orange, Computerpapier, Transparentpapier, Kopierpapier, Tonkarton schwarz, Lochzange, Klebepads, Holzstreuteil: Spinnennetz, Handbohrer, dünnes Gummiband schwarz

Aus orangefarbenem Tonpapier ein Rechteck (14 × 9 cm) ausschneiden und mit Klebestift mittig auf der Vorderseite der Karte aufbringen. Anschließend den Text am Computer erstellen und schwarz ausdrucken. Schneiden Sie den Textstreifen gezackt aus und kleben Sie ihn schräg auf die Karte.
Nun die Fledermausvorlage zweimal auf schwarzen Tonkarton übertragen (siehe Seite 6) und zwei Fledermäuse ausschneiden. Die Augen werden mit der Loch-

zange ausgestanzt. Dann die Motive oberhalb und unterhalb des Textstreifens mit Klebepads auf der Karte fixieren.

Mit dem Handbohrer wird ein Loch in das Streuteil gebohrt. Am linken Rand ein Stück Gummiband um die Kartenvorderseite legen, das Spinnennetz auffädeln und die Bandenden zusammenknoten.

## Einen bärenstarken Geburtstag!

### ■ Material

Karte aus Tonkarton hellgelb marmoriert, Serviette mit Bärenmotiven, Spezialkleber, Pinsel, Tonkarton weiß, orange, Computerpapier, Lochzange, Juteschnur orange

Ein Rechteck (17 × 9 cm) aus der Serviette ausschneiden und den Ausschnitt mit Spezialkleber auf weißem Tonkarton befestigen (siehe Seite 6). Nach dem Trocknen ein Rechteck (15 × 7 cm) aus dem Motiv ausschneiden und mittig auf die Vorderseite der Karte kleben.

Nun den Text am Computer erstellen und orange ausdrucken. Die Textzeile ausschneiden und auf einen etwas größeren orangefarbenen Tonkartonstreifen kleben.

Anschließend auf mittlerer Höhe 2,5 cm vom linken Rand entfernt zwei untereinander liegende Löcher in die Kartenvorderseite stanzen. Der Textstreifen

wird ebenfalls gelocht und mit Juteschnur an der Karte befestigt.

## Happy Bärsday – Ich hab' was für dich …

### ■ Material

Karte aus Tonkarton hellblau, Serviette mit Bärenmotiv, Spezialkleber, Pinsel, Tonkarton weiß, Acrylfarbe weiß, blau, Computerpapier, Tonkarton hellblau, Lochzange, Stickgarn weiß, Holzstreuteil: Teddybär, Handbohrer

Schneiden Sie das Bärenmotiv in Form eines Rechtecks (15 × 11 cm) aus der Serviette aus und fixieren Sie es mit Spezialkleber auf weißem Tonkarton (siehe Seite 6). Nach dem Trocknen mit weißer und blauer Acrylfarbe einen Himmel auf den Motivhintergrund malen. Das Ganze wiederum trocknen lassen.

Dann wird ein Rechteck (13 × 9 cm) aus dem Motiv ausgeschnitten und mittig auf die Vorderseite der Karte geklebt. Anschließend erstellen Sie den Text am Computer und drucken ihn in Blau aus. Schneiden Sie die Textzeile aus und kleben Sie sie auf einen etwas größeren hellblauen Tonkartonstreifen. Das Ganze am linken Rand lochen. Dann den Textstreifen auf Stickgarn fädeln und dieses am linken Rand um die Vorderseite der Karte binden. Mit dem Handbohrer ein Loch in den Holzteddybären bohren und diesen mit einem weiteren Stück Stickgarn am Textstreifen befestigen.

## Bullauge to'n Gebortsdag

■ **Material**

Karte aus Wellpappe natur, Naturpapier hellblau, blau, Wellenschere, Transparentpapier, Kohlepapier, Tonkarton silber, hellbraun, Prägestift, Gelschreiber weiß, Zirkel, Bastelfolie, Alleskleber, Drei-D-Wellpappe weiß, Filzstift blau, Holzstreuteile: Schiff, Rettungsring, Computerpapier

Aus Naturpapier wird mit der Wellenschere ein Rechteck (14 × 10 cm) zugeschnitten und auf die Vorderseite der Karte geklebt. Anschließend die Vorlage für das Bullauge auf silberfarbenen und die Vorlage für die Bildrückwand auf hellbraunen Tonkarton übertragen (siehe Seite 6). Beides ausschneiden. Zunächst mit dem Prägestift, dann mit weißem Gelschreiber die Konturen auf das Bullauge aufbringen. Für die Fensteröffnung wird mit dem Zirkel in der oberen Hälfte der Karte ein Kreis mit einem Durchmesser von 5 cm aufgebracht. Das Fenster entlang den Konturen ausschneiden und den Rahmen aufkleben. Danach ein passendes Stück Bastelfolie zuschneiden und als Fensterscheibe mit Alleskleber von hinten dagegen kleben.

Die Bildrückwand aus hellbraunem Tonpapier an den gestrichelten Linien falten und wieder auseinander klappen. Das hellblaue Naturpapier und die Drei-D-Wellpappe werden passend zugeschnitten und jeweils als Himmel und Meer auf das Tonpapier geklebt. Die Wellen werden mit blauem Filzstift nachgezeichnet.

Die Holzstreuteile auf dem Bild fixieren. Dieses an den Rändern mit Alleskleber bestreichen und von hinten an den Rand der Öffnung kleben. Dann erstellen Sie den Text am Computer und drucken ihn in Blau aus. Den Textstreifen ausschneiden und unterhalb des Bullauges auf der Karte anbringen.

## Leuchtturm

■ **Material**

Karte aus Tonkarton dunkelblau, Packpapier, Naturpapier beige, Transparentpapier, Kohlepapier, Tonpapier gelb, rot, schwarz, Filzstift schwarz, Lochzange, Juteschnur natur, Computerpapier, Pappe mit Holzspänen beklebt, Zirkel, Holzstreuteil: Möwe, Heißklebepistole

Schneiden Sie aus Packpapier ein Rechteck (12 × 9 cm) zu und befestigen Sie es mit Klebestift auf der Vorderseite der Karte. Dann ein Rechteck (9 × 7 cm) aus Naturpapier zuschneiden und auf das Packpapier kleben.
Nun die Leuchtturmvorlage auf rotes Tonpapier übertragen (siehe Seite 6) und den Leuchtturm ausschneiden. Das Dach passend aus schwarzem, das Fenster aus gelbem Tonpapier zuschneiden. Beides auf den Leuchtturm kleben. Danach zeichnen Sie die Fensterrahmen mit Filzstift ein und lochen die Turmspitze. Ein Stück Juteschnur durch das Loch ziehen und zu einer Schleife binden.
Der Text wird am Computer erstellt und rot ausgedruckt. Drei der Breite des Leuchtturms entsprechende Textstreifen zuschneiden und aufkleben.
Anschließend bringen Sie mit dem Zirkel zwei Kreise mit einem Durchmesser von 6 cm auf die mit Holzspänen beklebte Pappe

auf. Die Kreise ausschneiden und halbieren. Einer der Halbkreise wird am unteren Rand auf das Naturpapier geklebt. Dann den Leuchtturm und zwei weitere Halbkreise aufbringen. Zuletzt wird die Möwe in der linken oberen Ecke der Karte mit Heißkleber angebracht.

## Seemannspost

■ **Material**

Karte aus Tonkarton weiß, Overheadfolie, Alleskleber, Naturpapier blau, Drei-D-Wellpappe blau, Bastelmesser, Holzstreuteile: Fisch, Möwe, Heißklebepistole, Transparentpapier, Kohlepapier, Tonpapier weiß, Lochzange, Paketschnur

Die rechte Hälfte der Kartenvorderseite abschneiden. Dann den Text am Computer erstellen und auf Overheadfolie in Blau ausdrucken. Aus der Folie einen Textstreifen (15 × 6 cm) ausschneiden und mit Alleskleber von hinten so an die verbliebene Kartenvorderseite kleben, dass der rechte Folienrand mit dem der Hinterseite der Karte bündig abschließt.
Nun reißen Sie einen Streifen (13 × 4 cm) aus dem Naturpapier aus und befestigen ihn mit Klebestift auf dem Tonkarton. Zwei Wellen aus der Wellpappe ausschneiden und am unteren Rand auf das Naturpapier kleben. Anschließend wird die Karte entlang der Welle mit

dem Bastelmesser ein Stück eingeritzt. Den Holzfisch mit Heißkleber versehen und in den Schlitz stecken.
Danach die Vorlage für den Briefumschlag auf weißes Tonpapier übertragen (siehe Seite 6). Den Briefumschlag ausschneiden, zusammenfalten und an der linken oberen Ecke lochen. Ziehen Sie die Paketschnur durch das Loch und fixieren Sie sie an einem Ende mit einem Knoten. Das andere Ende wird am oberen Rand auf das Naturpapier geklebt. Zuletzt die Möwe so auf das Naturpapier aufbringen, dass der Schnabel auf der Paketschnur aufliegt.

## Strandgut

■ **Material**

Karte aus Tonkarton dunkelblau, Naturpapier dunkelblau, Packpapier, Papierribbler, Lochzange, Paketschnur, Tonkarton dunkelblau, 3 Holzperlen, Holzstreuteil: Wäscheklammer, Muscheln, Seestern, Holzstück, Heißklebepistole

Reißen Sie ein Rechteck (9 × 8 cm) aus dem Naturpapier und kleben Sie es mit Klebestift 1 cm vom unteren Rand entfernt auf die Vorderseite der Karte.
Aus Packpapier ein Rechteck (7 × 5,5 cm) zuschneiden und durch den Papierribbler drehen. Befestigen Sie das Packpapierrechteck mittig auf dem Naturpapier.

Nun wird oberhalb des Naturpapiers ein Streifen (7 × 2,5 cm) aus der Kartenvorderseite geschnitten. Um den Streifen in Abständen von 1 cm Löcher einstanzen. Dann wird die Paketschnur so durch die Löcher gezogen, dass ein Netz entsteht. Anschließend den Text am Computer erstellen und auf Packpapier blau ausdrucken. Schneiden Sie die Textzeile aus und kleben

Sie sie auf einen etwas größeren dunkelblauen Tonpapierstreifen. Das Ganze lochen und einen aus Packpapier gefertigten „Lochverstärker" aufkleben. Danach am unteren Rand der Karte zwei untereinander liegende Löcher einstanzen. Ein weiteres Stück Paketschnur wird durch die Löcher gezogen und mit einem Knoten fixiert. Die Perlen und den Textstreifen auf

fädeln und das andere Schnurende mit der Wäscheklammer am Netz befestigen.
Zum Schluss werden die Muscheln, der Seestern und das Holzstück mit Heißkleber auf der Karte aufgebracht.

## Herzlichst

### ■ Material
Karte aus Tonkarton braun, Packpapier, Transparentpapier, Kohlepapier, Naturpapier beige, Overheadfolie, Lochzange, Paketschnur, Muschel, Seestern, Stein, Heißklebepistole

Schneiden Sie ein Rechteck (14 × 8,5 cm) aus Packpaier zu und kleben Sie es mit Klebestift auf die Vorderseite der Karte. Anschließend übertragen Sie die Vorlage für den dreiteiligen Rahmen auf Naturpapier (siehe Seite 6). Den Rahmen ausschneiden und mittig auf dem Packpapier befestigen.
Nun erstellen Sie den Text am Computer und drucken ihn auf Overheadfolie in Rot aus. Die Textzeile wird großzügig ausgeschnitten. Danach aus Naturpapier einen passenden Rahmen zuschneiden und auf die Folie kleben. Das Ganze lochen.
In der linken oberen Ecke ebenfalls ein Loch in die Karte stanzen. Paketschnur durchziehen und den Textstreifen daran befestigen. Am Schluss werden die Muschel, der Stein und der Seestern mit Heißkleber im Rahmen fixiert.

## Think pink

### ■ Material

Karte aus Wellpappe pink, Transparentpapier, Kohlepapier, Naturpapier rosa, Tonkarton silber, Computerpapier, 3 kleine runde Spiegel, Heißklebepistole, Kindergeburtstagskerze, dünner Draht, 6 kleine Perlen rosa, Bastelmesser, Geschenkband rosa

Die Vorlage für den Rahmen auf das Naturpapier übertragen (siehe Seite 6) und den Rahmen ausschneiden. Dann aus silberfarbenem Tonkarton einen Streifen (4,5 × 2 cm) zuschneiden. Eine der langen Seiten gezackt ausschneiden und den Streifen etwas nach oben versetzt mit Klebestift von hinten an den Naturpapierstreifen kleben. Bringen Sie das Ganze mittig auf die Vorderseite der Karte auf. Nun wird der Text am Computer erstellt und rosa ausgedruckt. Die Textzeilen der Breite des Rahmens entsprechend zuschneiden und aufkleben. In jeden Rahmenabschnitt mit Heißkleber einen Spiegel fixieren. Anschließend die Perlen auf ein Stück Draht fädeln. Die Kindergeburtstagkerze der Länge nach halbieren, eine Hälfte mit dem Perlendraht umwickeln und links neben dem Rahmen auf der Karte anbringen. Danach mit dem Bastelmesser 4 cm vom unteren Rand entfernt einen kleinen Schlitz in den Kartenfalz ritzen. Geschenk-

band durch den Schlitz ziehen und mit einer Schleife an der Kartenvorderseite befestigen.

## Geschickt von mir

### ■ Material

Karte aus Tonkarton pink, Tonpapier weiß, Zackenschere, Tonkarton hellrosa, rosa, pink, Naturpapier rosa, Holzstreuteil: Blüte, Holzstäbchen (5 mm breit), Bastelmesser, Heißklebepistole

Schneiden Sie aus weißem Tonpapier mit der Zackenschere ein Rechteck (14 × 19 cm) zu und befestigen Sie es mit Klebestift auf der Innenseite der Karte. Nun wird aus hellrosa Tonkarton ein Streifen (15 × 4,5 cm) zugeschnitten und 1,5 cm vom linken Rand entfernt auf die Karte aufgebracht. Dann einen Naturpapierstreifen (15 × 2,5 cm) mittig auf den hellrosa Tonkarton kleben. Verzieren Sie das Naturpapier mit zwei dünnen Streifen aus pinkfarbenem Tonkarton.

Anschließend erstellen Sie den Text am Computer und drucken ihn in Pink auf hellrosa Tonkarton aus. Die Textzeilen ausschneiden und auf ein etwas größeres Naturpapierrechteck kleben. Das Ganze wird im rechten oberen Drittel der Karte angebracht. Die Blüte wird mit Heißkleber 3 cm vom unteren Rand entfernt auf dem Naturpapierstreifen fixiert. Danach wird das Holzstäbchen mit einem dünnen rosa Tonkartonstreifen beklebt. Vier 5 cm lange Stücke zuschneiden und als Rahmen um die Blüte kleben.

## Viel Glück

■ **Material**

Karte aus Naturpapier rosa, Transparentpapier, Kohlepapier, Naturpapier weiß, Lochzange, Klebepads, Computerpapier, Stickgarn weiß, Streuteile: Schornsteinfeger, Glücksklee, Marienkäfer, Glücksschwein, Würfel, Pfennig, Heißklebepistole, Tonpapier weiß

Übertragen Sie die Vorlage für den Rahmen auf Naturpapier (siehe Seite 6). Den Rahmen ausschneiden, am unteren Rand mit einem Loch versehen und mit Klebepads auf der Vorderseite der Karte fixieren.

Dann den Text am Computer erstellen und schwarz ausdrucken. Die Textzeile auf einen etwas größeren, aus Naturpapier gerissenen Streifen kleben. Der Textstreifen wird gelocht und mit Stickgarn an der Karte befestigt. Am linken Rand Stickgarn um die Karte binden. Danach mit Heißkleber den Würfel und den Pfennig auf dem Garn, den Schornsteinfeger und den Glücksklee im Rahmen und das Glücksschwein und den Marienkäfer am Rahmenrand aufbringen.

Anschließend ein Rechteck (14 × 19 cm) aus weißem Tonpapier zuschneiden. Das Papier in der Mitte falten und auf der Innenseite der Karte zwischen Garn und Kartenvorderseite schieben.

## Diese zwei sollen dir Glück bringen ...

■ **Material**

Karte aus Tonkarton weiß, Tonkarton weiß, grün, Filzstift grün, Bild mit Glücksklee, Hufeisen, Transparentapier, Kohlepapier, Computerpapier, Klebepads

Zunächst ein Rechteck (12 × 8,5 cm) aus grünem Tonkarton zuschneiden und mit Klebestift mittig auf die Vorderseite der Karte kleben. Dann das Rechteck mit grünem Filzstift umrahmen.
Aus weißem Tonkarton ein Quadrat mit einer Seitenlänge von 6 cm zuschneiden und auf dem grünen Tonpapier befestigen. Darauf werden die ausgeschnittenen Glücksklee- und Hufeisenmotive aufgebracht. Anschließend die Vorlage für den Rahmen auf weißen Tonkarton übertragen (siehe Seite 6) und den Rahmen ausschneiden.
Nun den Text am Computer erstellen und der Rahmenbreite entsprechend ausschneiden. Die Textzeilen auf den Rahmen kleben und das Ganze mit Klebepads auf der Karte fixieren.

## Diese Geburtstagkarte ist etwas für eine Person in deinen Jahren – sie ist aus Altpapier!

■ **Material**

Karte aus Naturpapier hellbraun, Pappe hellbraun, grau, Packpapier, Zeitungspapier, Overheadfolie, Naturpapier hellbraun, Tonkarton weiß, Lochzange, Paketschnur

Ein Rechteck (14 × 4 cm) aus hellbrauner Pappe zuschneiden und 1 cm vom linken Rand entfernt auf die Vorderseite der Karte aufbringen. Dann jeweils einen 14 × 3 cm großen Streifen aus grauer Pappe und aus Packpapier zuschneiden und beide nebeneinander auf die noch freie Hälfte der Karte kleben. Auf dem linken Rand des Packpapierstreifens wird ein 1 cm breiter Streifen Zeitungspapier befestigt.
Anschließend erstellen Sie den Text am Computer und drucken ihn auf Overheadfolie in Rot aus. Die Textstreifen ausschneiden. Aus der Karte jeweils 2,5 cm vom oberen und 3,5 cm vom unteren Rand entfernt einen etwas kleineren Streifen herausschneiden und den Text mit Alleskleber von hinten dagegen kleben. Um jeden Ausschnitt wird ein schmaler Rahmen aus Naturpapier angebracht.
Aus weißem Tonkarton und grauer Pappe schneiden Sie jeweils ein 14 x 10 cm großes Rechteck

zu. Den Tonkarton links und die Pappe rechts auf die Innenseite der Karte kleben.

Nun aus grauer Pappe und Packpapier einen 4 cm langen und 1 cm breiten Streifen erstellen und mit Zeitungspapier verzieren. Eine Schmalkante spitz zuschneiden und lochen. Am linken Rand Paketschnur um die Kartenvorderseite legen, den Streifen aufziehen und die Schnurenden zusammenknoten.

## Schon wieder 29!

### ■ Material

Karte aus Packpapier blau, Tonpapier weiß, Bild mit Sonnenmotiv, Briefumschlag mit Fenster, Computerpapier, Packpapier blau

Schneiden Sie ein Rechteck (14 × 10 cm) aus weißem Tonpapier zu und befestigen Sie es auf der Innenseite der Karte. Anschließend das Sonnenmotiv (10 × 9 cm) ausschneiden und 5 mm vom oberen Rand entfernt auf die Kartenvorderseite kleben.

Danach aus einem Briefumschlag das Fenster einschließlich eines schmalen weißen Randes ausschneiden und unterhalb der Sonne aufbringen.

Nun den Text am Computer erstellen und blau ausdrucken.

Die Textzeilen ausschneiden und jeweils auf einen etwas größeren Packpapierstreifen kleben. Je eine Schmalseite wird spitz zugeschnitten. Die Streifen in das Fenster stecken.

## Keiner ist so verrückt ...

### ■ Material

Karte aus Tonkarton rot-weiß gestreift, Tonkarton weiß, Packpapier, Transparentpapier, Kohlepapier, Naturpapier rot, Computerpapier, Bastelfolie, Lochzange, Parfümprobefläschchen, Paketschnur, Korken, Heißklebepistole

Schneiden Sie ein Rechteck (11 × 8 cm) aus weißem Tonkarton zu und befestigen Sie es mit Klebestift auf der Innenseite der Karte. Anschließend ein Quadrat mit einer Seitenlänge von 8,5 cm aus Packpapier zuschneiden und auf die Vorderseite der Karte kleben.
Dann die Herzvorlage auf rotes Naturpapier übertragen (siehe Seite 6). Das Herz entlang den Außenkonturen ausschneiden und an der Markierung vorsichtig auseinander reißen. Kleben Sie beide Herzhälften auf das Packpapier. Nun werden die Glückwunschtexte am Computer erstellt und in Rot ausgedruckt. Einen der beiden Texte auf einen etwas größeren Streifen Bastelfolie kleben und das Ganze am linken Rand lochen. Den anderen Text einrollen und in das Probefläschchen stecken.
Paketschnur an den gelochten Folienstreifen binden. Das andere Schnurende in das Fläschchen stecken und dieses mit dem

Korken verschließen. Am Schluss wird das Fläschchen mit Heißkleber auf dem Herz fixiert.

## Ich habe deinen Geburtstag verschlafen

### ■ Material

Karte aus Strohseide blau mit Goldtupfen, Tonkarton weiß, gelb, Computerpapier, Klebepads, dünner Draht, Holzstreuteil: Mond, Heißklebepistole

Schneiden Sie aus weißem Tonkarton ein Rechteck (14 × 19 cm) zu und befestigen Sie es auf der Innenseite der Karte.
Nun einen gelben Tonkartonstreifen (8 × 2,5 cm) zuschnei-

den und einen kleineren ausgerissenen Strohseidestreifen darauf befestigen. Anschließend den Text am Computer erstellen und in Blau ausdrucken. Die Textzeile ausschneiden und ebenfalls auf den Tonkartonstreifen kleben. Das Ganze wird mit Klebepads 2 cm vom unteren Rand entfernt auf der Karte fixiert.
Anschließend drei kleine Sterne aus gelbem Tonkarton zuschneiden. Ein Stück Draht wellenförmig biegen und oberhalb der Textzeile auf der Karte platzieren. Den Mond und die Sterne mit Heißkleber am Draht und an der Karte befestigen.

# Besser spät als nie

### ■ Material

Karte aus Wellpappe natur, Tonpapier weiß, Taschenkalenderblatt, Filzstift rot, Bild mit Telefonmotiv, Klebepads, Computerpapier, Packpapier, Lochzange, Musterklammer

Diese Glückwunschkarte ist als Querformat angelegt. Aus weißem Tonpapier ein Rechteck (11 × 8 cm) zuschneiden und auf der Innenseite der Karte befestigen. Anschließend das Kalenderblatt eines Taschenkalenders passend zuschneiden und auf die Kartenvorderseite kleben. Kreuzen Sie mit rotem Filzstift den vergessenen Geburtstag an.

Das Bild mit dem Telefonmotiv (5,5 × 5 cm) zuschneiden und auf ein etwas größeres weißes Tonpapierrechteck kleben. Das Rechteck wird mit Klebepads etwas nach links versetzt auf dem Kalenderblatt aufgebracht.

Nun erstellen Sie den Text am Computer und drucken ihn rot aus. Die Textzeile ausschneiden und auf einen etwas größeren Packpapierstreifen kleben. Das Ganze wiederum auf einem etwas größeren weißen Tonpapierstreifen befestigen.

Am linken Rand ein Loch einstanzen.

Die Karte rechts neben dem Bild ebenfalls lochen und den Textstreifen mit einer Musterklammer anbringen.

33

## Willst du gerne mal nach ... Paris?

### ■ Material

Karte aus Tonkarton weiß (20,5 × 10 cm), Stadtplan von Paris, Zeichenpapier/Reiseprospekte von Paris, Filzstift schwarz, Computerpapier, Overheadfolie, Klebepads, Tonkarton weiß, rot, blau, Lochzange

Aus dem Stadtplan von Paris ein Rechteck (19 × 9 cm) ausschneiden und auf der Vorderseite der Karte befestigen. Anschließend einige Wahrzeichen der Stadt mit Blei- und Filzstift auf Zeichenpapier zeichnen und passend ausschneiden. Alternativ können die Motive auch von Reiseprospekten kopiert werden. Die Bilder untereinander auf der linken Seite der Karte aufbringen. Der Text wird am Computer erstellt und jeweils auf Computerpapier und Overheadfolie schwarz ausgedruckt. Die Textzeilen ausschneiden. Danach den kleinen Papierstreifen auf einen gleich großen Tonkartonstreifen kleben. Das Ganze wird mit Klebepads 3 cm vom oberen Rand entfernt etwas nach rechts versetzt auf der Karte fixiert.

Für den Folienstreifen einen blau-weiß-rot gestreiften Rahmen herstellen und diesen um die Textzeile kleben. Die Karte in der Mitte, den Text am linken Rand lochen und beides mit Stickgarn verbinden.

## Das Weite suchen!

### ■ Material

Karte aus Tonkarton gelb, Bild mit Meermotiv, kleine Hauswand aus Holz, Handbohrer, Spielgeldschein, Heißklebepistole, Stickgarn weiß, Holzstreuteil: Möwe

Aus dem Bild mit Meermotiv ein Rechteck (9 × 7 cm) und einen Streifen (7 × 2,5 cm) zuschneiden und beides mit Klebestift auf der Vorderseite der Karte aufbringen. Dann den Text am Computer erstellen und in Blau ausdrucken. Die Textzeilen werden auf den unteren Bildstreifen geklebt. In die Hauswand mittig ein Loch bohren und den Spielgeldschein einstecken. Nun wird das Ganze mit Heißkleber am rechten Rand der Karte fixiert. Anschließend 2 cm vom linken Rand entfernt Stickgarn um die Kartenvorderseite binden. Zuletzt die Holzmöwe mit Heißkleber auf dem Garn befestigen.

## Gutschein von Oma und Opa

■ **Material**

Karte aus Wellpappe gelb, Tonkarton weiß, blau-weiß, Lochzange, Kordel, Transparentpapier, Kohlepapier, Streuteile: 3 Wäscheklammern, Sonne, Seestern, Heißklebepistole, Computerpapier, Wellpappe gelb

Aus weißem Tonkarton ein Rechteck (10,5 × 7,5 cm) zuschneiden und etwas nach oben versetzt auf die Vorderseite der Karte kleben. Danach an der Kante des Rechtecks 5 cm und 2 cm vom oberen Kartenrand entfernt ein Loch einstanzen. Die Kordel durch die Löcher ziehen und die Enden verknoten.

Nun die Vorlage für den Badeanzug auf den blau-weißen Tonkarton übertragen. Den Badeanzug ausschneiden und mit zwei Wäscheklammern an der Kordel befestigen. Dann den Seestern in die Mitte des Badeanzugs kleben. Anschließend den Text am Computer erstellen und in Blau ausdrucken. Die Textzeilen ausschneiden und auf einen etwas größeren Wellpappestreifen kleben. Das Ganze wird ebenfalls mit einer Wäscheklammer an der Kordel fixiert. Zum Schluss wird die Sonne in die linke obere Ecke geklebt.

## Mir-geht's-gut-SCHEIN

■ **Material**

Karte aus Tonkarton rot, Tonpapier weiß, Naturpapier rot, Filzstift grün, Tonkarton grün, Lochzange, Computerpapier, Bast orange, Transparentpapier, Kohlepapier, Spielgeldschein

Schneiden Sie ein Rechteck (14 × 10 cm) aus weißem Tonpapier zu und befestigen Sie es auf der Innenseite der Karte. Ein Quadrat mit einer Seitenlänge von 8 cm aus rotem Naturpapier reißen und mittig auf die Vorderseite der Karte kleben. Anschließend wird mit grünem Filzstift im Abstand von 5 mm zum Rand ein Rahmen auf der Karte aufgebracht. Aus grünem Tonkarton ein kleines Herz zuschneiden und in die linke untere Ecke kleben. Danach die Karte an dieser Stelle mit einem, 2 cm vom oberen Rand entfernt mit zwei Lochpaaren versehen.
Nun erstellen Sie den Text am Computer und drucken ihn in Grün aus. Die Textzeile wird ausgeschnitten und auf einen weißen Tonpapierstreifen geklebt. Das Ganze am linken und rechten Rand lochen. Bast durch die Löcher ziehen und die Bastenden an der Karte fixieren. Dann wird die Vorlage für den Briefumschlag auf grünen Tonkarton übertragen (siehe Seite 6). Den Briefumschlag ausschneiden, falten, an der linken oberen Ecke ein Loch stanzen und den Umschlag mit Bast an der Karte befestigen. Zuletzt einen Spielgeldschein einstecken.

## Da hast du aber einen guten Fang gemacht!

■ **Material**

Karte aus Pappe braun, Tonkarton weiß, Naturpapier beige, blau, Computerpapier, Netz blau, Draht, Kordel, Heißklebepistole, Spielgeldschein, Holzstreuteile: 2 Fische, Lochzange

Schneiden Sie ein Rechteck (11 × 8 cm) aus weißem Tonkarton zu und befestigen Sie es auf der Innenseite der Karte. Ein Rechteck (14,5 × 9 cm) aus blauem Naturpapier reißen und auf die Vorderseite kleben. Dann aus beigem Naturpapier ein Quadrat (8 × 8 cm) und ein Rechteck (8 × 4 cm) reißen und beides auf das blaue Naturpapier kleben. Nun den Text am Computer erstellen und in Blau ausdrucken. Den Text ausschneiden und auf das Naturpapierrechteck kleben.
Anschließend ziehen Sie Draht durch den oberen Rand des Netzes und formen ihn zu einem Ring. Kordel am Drahtring befestigen, zu einer Schleife binden und diese mit Heißkleber an der linken oberen Ecke des weißen Naturpapierquadrats fixieren. Stecken Sie einen Spielgeldschein und einen Holzfisch in das Netz. Danach die linke obere Ecke der Karte lochen und ein Stück Kordel durch das Loch ziehen. Die Kordelenden zusammenbinden und einen Fisch mit Heißkleber an der Kordel befestigen.

## Steinreich?

■ **Material**

Karte aus Tonkarton silber, Alleskleber, Sand, 5 Spielgeldscheine, Netz weiß, Tonpapier weiß, Geschenkband weiß, Computerpapier, 4 kleine Steine mit Löchern, größerer flacher Stein, Nähgarn weiß, Nähnadel

Bestreichen Sie den unteren Rand der Karte mit Alleskleber und streuen Sie eine dünne Schicht Sand darauf. Lassen Sie den Kleber gut trocknen. Dann werden die Geldscheine fächerartig auf die Karte geklebt. Anschließend wird das Netz über die Kartenvorderseite gezogen. Auf der Innenseite der Karte

das Netz mit Alleskleber bestreichen und ein Rechteck (15 × 10,5 cm) aus weißem Tonpapier darauf aufbringen. Danach ein 15 cm langes Geschenkband zuschneiden und am linken Rand auf die Kartenvorderseite kleben. Überstehende Netzränder abschneiden. Nun den Text am Computer erstellen, in Schwarz ausdrucken und ausschneiden. Ein Textstreifen wird mit Nähgarn an einen kleinen Stein mit Loch und gleichzeitig an das Netz gebunden. Den anderen um den größeren flachen Stein wickeln und das Ganze mit Heißkleber auf der Karte aufbringen. Zuletzt werden die übrigen Steine mit Nähgarn am Netz festgenäht.

## Happy@Birthday.de

■ **Material**
Karte aus Tonkarton blau, Bilder mit Computermotiven, Tonkarton grün, Computerpapier, Holzstreuteil: Maus, Heißklebepistole

Schneiden Sie aus einem Bild mit Computermotiven zwei Streifen (je 10,5 × 4 cm) zu und bringen Sie sie jeweils am unteren und oberen Rand auf der Kartenvorderseite auf. Dann aus grünem Tonkarton ein Rechteck (12 × 8 cm) zuschneiden und etwas nach oben versetzt auf die Karte kleben. Ein weiteres Computermotiv im Format eines Rechtecks (8 × 7 cm) zuschneiden und 5 mm vom oberen Rand entfernt auf dem Tonkarton befestigen.
Nun wird der Text am Computer erstellt und in Blau ausgedruckt. Schneiden Sie die Textzeile aus und kleben Sie sie auf einen etwas größeren blauen Tonkartonstreifen. Das Ganze unterhalb des Bildes auf das Tonkartonrechteck kleben. Zum Schluss fixieren Sie die Holzmaus mit Heißkleber am rechten Rand des Textstreifens.

## www.KPM.Geburtstag.Com

■ **Material**
Karte aus Wellpappe grau, Tonkarton grau, schwarz, Holzstreuteil: Katze, Handbohrer, Stickgarn weiß, Sticknadel, Transparentpapier, Kohlepapier, Bild mit Computermonitor, Klebestift, Filzstift schwarz, Klebepads

Schneiden Sie aus schwarzem Tonkarton ein Rechteck (13 × 10 cm) zu. Dann mit dem Handbohrer zwei Löcher in die Holzkatze bohren und Stickgarn durchziehen. Das Garn 1 cm vom oberen Rand entfernt um das Tonkartonrechteck legen und die Garnenden zu einer Schleife binden. Den dekorierten Tonkarton mit Klebestift mittig auf der Vorderseite der Karte befestigen.

Danach die Vorlage für den Computerbildschirm auf grauen Tonkarton übertragen (siehe Seite 6). Den Bildschirm ausschneiden und für die Taste ein Rechteck (4 × 2 cm) zuschneiden. Das Bild eines Monitors passend ausschneiden und auf den zugeschnittenen Tonkarton kleben. Anschließend mit schwarzem Filzstift den Bildschirm mit weiteren Computerzeichen versehen und einen Pfeil auf die Taste zeichnen. Bildschirm und Taste werden mit Klebepads auf dem schwarzen Tonkarton fixiert.

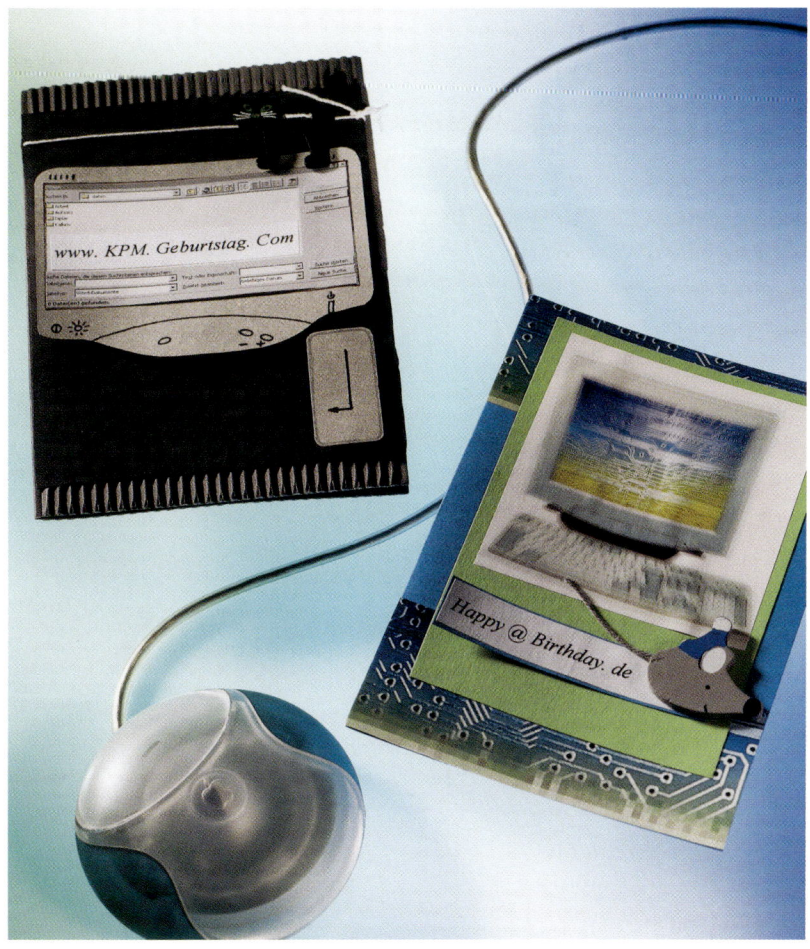

### Frauen werden nicht älter. Sie werden attraktiver!

■ **Material**

Karte aus Naturpapier rosa, Tonkarton weiß, Bastelmesser, Streuteil: Sonnenbrille, Heißklebepistole, Computerpapier, Naturpapier rosa, Wellpappe pink, Klebepads

Schneiden Sie zunächst ein Rechteck (14,5 × 9,5 cm) aus weißem Tonkarton zu und befestigen Sie es auf der Innenseite der Karte. Dann die rechte obere Ecke der Kartenvorderseite bis zum Falz nach innen falten und wieder aufklappen. 2,5 cm unterhalb der Faltlinie mit dem Bastelmesser einen 10 cm langen Schlitz einschneiden. Danach die Ecke erneut nach innen falten und durch den Schlitz stecken. Die Sonnenbrille wird mit Heißkleber auf der Ecke fixiert.
Nun den Text am Computer erstellen und in Pink ausdrucken. Die Textzeilen ausschneiden und jeweils auf einen etwas größeren rosa Naturpapierstreifen kleben. Anschließend werden die Textstreifen wiederum auf je einem etwas größeren Wellpappestreifen befestigt. Beide Streifen mit Klebepads auf der Karte aufbringen.

### Männer werden nicht älter. Sie werden interessanter!

■ **Material**

Karte aus Naturpapier, grün, Tonkarton weiß, grün, Bastelmesser, Holzstreuteil: Lokomotive, Heißklebepistole, Computerpapier, Naturpapier rot, Klebepads

Die Karte wird wie oben beschrieben gebastelt. Am Schluss befestigen Sie anstelle der Sonnenbrille die Lokomotive mit Heißkleber auf der Ecke.
Dann wird der Text am Computer erstellt und grün ausgedruckt. Die Textzeilen ausschneiden und jeweils auf einen etwas größeren roten Naturpapierstreifen kleben. Danach werden die Textstreifen wiederum auf je einem etwas größeren grünen Tonkartonstreifen fixiert. Zuletzt bringen Sie beide Streifen mit Klebepads auf der Karte auf.

## SOS – Socken, Oberhemd, Schlips

### ■ Material

Karte aus Tonkarton blau-weiß gestreift, Tonkarton weiß, Computerpapier, Naturpapier weiß, kleiner Saugnapf (Saughaken), Heißklebepistole, Tonpapier blau, Gelschreiber weiß, Transparentpapier, Kohlepapier, Filzreste rot, blau, Stoffrest blau, Netz blau, 2 Muscheln, Spielgeldschein, Paketschnur

Ein 13 × 9 cm großes sowie ein 10,5 × 7 cm großes Rechteck aus weißem Tonkarton zuschneiden. Das größere Rechteck auf der Innenseite der Karte, das kleinere etwas nach oben versetzt mit Klebestift auf der Kartenvorderseite befestigen.

Den Text am Computer erstellen und in Rot ausdrucken. Die Textzeile ausschneiden und auf einem etwas größeren Tonkartonstreifen fixieren. Danach wird der Text wiederum auf einen größeren weißen Naturpapierstreifen geklebt. Bringen Sie das Ganze unterhalb des Tonpapierrechtecks auf die Vorderseite der Karte auf.

Nun schneiden Sie eine Blüte aus weißem Naturpapier zu und befestigen sie im oberen Drittel der Karte. Auf die Blüte mit Heißkleber den Saugnapf kleben.

Zeichnen Sie mit weißem Gelschreiber Streifen auf das blaue Tonpapier. Die Vorlage für das Hemd wird auf das gestreifte Tonpapier übertragen (siehe Seite 6). Anschließend das Hemd ausschneiden und entsprechend der Vorlage falten. Die Krawatte auf blauen Filz übertragen, ausschneiden und um den Hemdkragen binden. Dann schneiden Sie einen dünnen roten Filzstreifen zu und fixieren die Streifenenden mit Heißkleber im Inneren des Hemdes. Die entstandene Schlaufe wird mit Heißkleber am Saugnapf angebracht. Auf den Stoffrest die Socken übertragen, zuschneiden und unterhalb des Hemdes aufkleben. Danach die Muscheln und den Spielgeldschein in das Netz wickeln und dieses an den Enden mit Paketschnur verschließen. Das gefüllte Netz neben dem Textstreifen auf die Karte kleben.

## Matt in zehn Zügen

### ■ Material

Karte aus Tonkarton rot, Aquarellpapier, Tonkarton rot, schwarz, Gelschreiber gelb, Computerpapier, Transparentpapier, Kohlepapier, Klebepads, Netz rot, Holzstreuteil: Weinflasche, Nähgarn rot, Nähnadel, Geschenkband rot, Heißklebepistole

Schneiden Sie ein Rechteck (14 × 9,5 cm) aus Aquarellpapier zu und befestigen Sie es mit Klebestift auf der Vorderseite der Karte. Aus schwarzem Tonkarton ein Quadrat mit einer Seitenlänge von 9 cm zuschneiden und mit gelbem Gelschreiber ein Schachbrett darauf zeichnen. Dann das Quadrat schräg auf das Aquarellpapier kleben.

Nun erstellen Sie den Text am Computer und drucken ihn in Schwarz aus. Den Textstreifen ausschneiden und 1,5 cm vom linken Rand entfernt auf die Karte kleben. Danach auf roten Tonkarton die Vorlage für das Weinglas, auf Aquarellpapier die Pferdevorlage übertragen (siehe Seite 6) und alles ausschneiden. Die Weingläser werden mit Klebepads am oberen Rand des Schachbretts aufgebracht. Anschließend die Weinflasche in das Netz wickeln und dieses an den Rändern mit Nähnadel und Nähgarn zunähen. Als Henkel wird mit Heißkleber ein Stück rotes Geschenkband angebracht. Das Netz in der rechten unteren Ecke platzieren und das Pferd mit Heißkleber auf dem Henkel und gleichzeitig auf dem Schachbrett fixieren.

## Sportlich

### ■ Material

Karte aus Tonkarton hellblau, Tonkarton weiß, hellblau, Naturpapier weiß, Wellenschere, Lochzange, Lochnieten, Nietenzange, Juteschnur natur, Computerpapier, Klebepads

Schneiden Sie zunächst ein Rechteck (11 × 8 cm) aus weißem Tonkarton zu und befestigen Sie es auf der Innenseite der Karte. Dann aus weißem Naturpapier ein Rechteck (8 × 10,5 cm) zuschneiden. Eine der langen Seiten wird mit der Wellenschere nachgeschnitten. Kleben Sie das Rechteck so auf die obere Hälfte der Karte, dass sich der Wellenrand in der Kartenmitte befindet. Nun werden am rechten Rand auf mittlerer Höhe zwei untereinander liegende Löcher in beide Tonkartonlagen gestanzt. Durch die zwei Löcher in der Kartenvorderseite jeweils eine Lochniete stecken und mit der Nietenzange fixieren. Juteschnur durch alle vier Löcher ziehen und die Karte mit einer Schleife verschließen.
Anschließend den Text am Computer erstellen und schwarz ausdrucken. Die beiden Textteile ausschneiden und auf einem etwas größeren blauen Tonkarton- bzw. weißen Naturpapierstreifen befestigen. Den blauen Streifen mit Klebepads auf dem weißen und den Natur-papierstreifen auf dem blauen Grund aufbringen.

## Ein paar Falten? Na und?

### ■ Material

Karte aus Tonkarton rot, Klebepads, Computerpapier, Tüte mit Kosmetikprobe, Alleskleber, Tonkarton rot, Seidenpapier weiß, Holzstreuteile: 4 Herzen, Heißklebepistole

Diese Karte ist als Querformat angelegt. Am linken Rand in gleichmäßigen Abständen vier Streifen (je 4,5 × 1,5 cm) in die Karte schneiden. Die Streifen nach rechts klappen und mit je einem Klebepad fixieren. Nun den Text am Computer erstellen und in Rot ausdrucken. Die vier Textteile ausschneiden und mit Klebestift jeweils auf einem aufgeklappten Streifen befestigen. Die Tüte mit der Kosmetikprobe von hinten an die am linken Kartenrand verbliebenen Streifen mit Alleskleber anbringen. Anschließend ein rotes Tonkartonrechteck (10,5 × 5 cm) zuschneiden und unter die Tüte kleben.
Dann einen Streifen (10,5 × 3 cm) aus weißem Seidenpapier zuschneiden und 2 cm vom rechten Rand entfernt auf die Karte aufbringen. Die Holzherzen werden mit Heißkleber auf dem Seidenpapier fixiert.

## Geburtstagsgruß

**■ Material**

Karte aus Tonkarton hellorange, Tonkarton hellorange, braun, Computerpapier, 6 Holzknöpfe, kleine Plastiktüte, kleine Sicherheitsnadel

Schneiden Sie aus braunem Tonkarton ein Rechteck (14 × 10 cm) zu und befestigen Sie es mit Klebestift auf der Vorderseite der Karte. Dann zwei Streifen (je 10,5 × 2 cm) aus orangefarbenem Tonkarton zuschneiden und jeweils 1 cm vom oberen und unteren

Rand entfernt auf die Karte kleben.

Anschließend wird der Text am Computer erstellt und grün ausgedruckt. Die beiden Textzeilen ausschneiden und jeweils auf die Tonkartonstreifen aufbringen.

Zuletzt füllen Sie die Tüte mit Holzknöpfen und befestigen sie mit der Sicherheitsnadel an der Karte.

## Genieße deinen Geburtstag

### ■ Material

Karte aus Tonkarton silber, Tonpapier weiß, Zackenschere, Pergamentpapier weiß, Naturpapier grau, Computerpapier, Tonkarton silber, Lochzange, Geschenkband weiß

Zunächst aus weißem Tonpapier ein Rechteck (14,5 × 20 cm) ausschneiden. Die langen Seiten werden mit der Zackenschere nachgeschnitten. Dann das Rechteck mit Klebestift auf den Innenseiten der Karte befestigen.

Übertragen Sie die Tütenvorlage auf das Pergamentpapier. Die Tüte ausschneiden und der Vorlage entsprechend falten. Danach wird ein Streifen (6 × 1,5 cm) aus weißem Tonpapier zugeschnitten. Schneiden Sie eine der langen Seiten mit der Zackenschere nach und kleben Sie den Streifen von hinten so an den oberen Tütenrand, dass

die gezackte Kante nach oben weist.

Anschließend aus Naturpapier ein Rechteck (14 × 8 cm) zuschneiden und die Pergamenttüte darauf fixieren.

Nun erstellen Sie den Text am Computer und drucken ihn in Rot aus. Die drei Textzeilen ausschneiden und jeweils auf einen silberfarbenen Tonkartonstreifen (4,5 × 1,5 cm) kleben. Jeden Streifen am linken Rand mit einem Loch versehen.

Das Naturpapierrechteck jeweils am linken und rechten Rand auf mittlerer Höhe lochen und Geschenkband durch die Löcher ziehen. Die Textstreifen auffädeln und die Bandenden zu einer Schleife binden. Zum Schluss kleben Sie das Ganze mittig auf die Vorderseite der Karte.

## Ein Herz, das liebt ...

### ■ Material

Karte aus Tonkarton rot, Transparentpapier, Kohlepapier, Packpapier, Bastelfolie, Alleskleber, Lochzange, Juteschnur natur, Computerpapier, Sticknadel, Holzstreuteil: Herz, Handbohrer

Übertragen Sie die Tütenvorlage auf Packpapier (siehe Seite 6). Die Tüte ausschneiden und der Vorlage entsprechend falten. Anschließend aus der Bastelfolie ein Quadrat mit einer Seitenlänge von 5 cm zuschneiden

und mit Alleskleber von hinten am Rand der herzfömigen Öffnung befestigen. Dann wird die Tüte mit Klebestift zusammengeklebt.

Nun beide Papierlagen der Tüte am oberen Rand mit je zwei Löchern versehen. Als Henkel jeweils ein Stück Juteschnur durch zwei gegenüberliegende Löcher ziehen und die Bandenden mit Knoten fixieren.

Der Text wird am Computer erstellt und schwarz ausgedruckt.

Die Textzeilen ausschneiden und den Streifen schräg auf die Bastelfolie kleben.

5 cm vom unteren Rand entfernt mit der Sticknadel ein Loch in den Kartenfalz stechen und Juteschnur durchziehen. Danach mit dem Handbohrer zwei Löcher in das Holzherz bohren und das Herz auf die Juteschnur fädeln. Binden Sie das Band um die Vorderseite der Karte.

### Tipp:

Die Tüten können mit kleinen Schokoladentäfelchen, Luftballons und anderen Kleinigkeiten gefüllt werden.

## Jeden Tag in deinem Leben soll's nur Freude geben

### ■ Material

Karte aus Tonkarton rot, Tonkarton weiß, rot, rot-weiß gestreift, Computerpapier, Lochzange, Klebepads, kleine Kalenderblätter, Sticknadel, Stickgarn weiß, Holzstreuteil: Sonne, Handbohrer

Zunächst ein Rechteck (14,5 × 9,5 cm) aus weißem Tonkarton zuschneiden und mit Klebestift auf die Vorderseite der Karte aufbringen. Danach wird ein Streifen (15 × 4 cm) aus rot-weiß gestreiftem Tonkarton

zugeschnitten und 1,5 cm vom linken Rand entfernt auf die Karte geklebt.

Anschließend erstellen Sie den Text am Computer und drucken ihn in Rot aus. Die Textzeilen ausschneiden und auf einen etwas größeren roten Tonkartonstreifen kleben. Das Ganze am unteren Rand mit zwei Löchern versehen und 3 cm von der oberen Kante entfernt mit Klebepads auf der Karte fixieren.

Nun die Kalenderblätter mit der Nadel auf ein Stück Stickgarn aufziehen und dieses an den Textstreifen binden. Bohren Sie mit dem Handbohrer ein Loch in die Sonne

und befestigen Sie diese ebenfalls mit Stickgarn am Streifen. Zum Schluss wird am linken Rand ein Stück Stickgarn um die Kartenvorderseite gebunden.

## Geburtstage zählt man nicht – man feiert sie!

### ■ Material

Karte aus Tonkarton hellblau, Tonpapier weiß, Filzstift grün, Computerpapier, Tonkarton hellblau, Lochzange, Stickgarn weiß

Zunächst schneiden Sie ein weißes Tonpapierrechteck (13 × 9 cm) zu und befestigen es auf der Vorderseite der Karte. Dann wird das Rechteck mit grünem Filzstift umrahmt.

Nun die Zahlen und den Text am Computer erstellen. Die Zahlen werden bunt, die Textzeilen hellblau ausgedruckt. Kleben Sie die Zahlen bunt durcheinander auf die Karte.

Der Text wird auf einen etwas größeren hellblauen Tonkartonstreifen aufgebracht. Das Ganze an den Schmalkanten lochen. Anschließend mit der Nadel auf mittlerer Höhe ein Loch in den Kartenfalz stechen und Stickgarn durchziehen.

Das linke Garnende am linken Rand des Textstreifens befestigen, das rechte Garnende um die Karteninnenseite legen und an den rechten Streifenrand binden.

## Ein guter Jahrgang

■ **Material**

Karte aus Urkundenpapier grünlich, Gelschreiber gold, silber, Urkundenpapier bräunlich, Feuerzeug/Streichhölzer, 2 Holzspieße, 4 Holzperlen, Heißklebepistole, Alleskleber, Computerpapier, Streuteil: Königslilie, Goldkordel

Auf die Vorderseite der Karte im Abstand von 5 mm zum Rand einen Rahmen mit goldenem und silbernem Gelschreiber zeichnen. Dann aus Urkundenpapier ein Rechteck (13 × 9 cm) zuschneiden und dieses am Rand leicht anbrennen.
Zwei Holzspieße auf 9,5 cm Länge kürzen und an jeder Spitze

mit Heißkleber eine Holzperle fixieren. Nun die Schmalränder des Urkundenpapiers mit Alleskleber bestreichen und jeweils um einen Holzspieß wickeln. Nach dem Trocknen des Klebers wird die „Urkunde" schräg auf die Vorderseite der Karte geklebt. Anschließend erstellen Sie Text und Jahreszahl am Computer. Beides in Grün ausdrucken und ausschneiden. Danach die Jahreszahl am oberen und

die Textzeile am unteren Rand auf die Urkunde kleben. Die Königslilie wird mit Heißkleber in der Mitte aufgebracht. Umrahmen und verzieren Sie die Jahreszahl mit silber- und goldfarbenem Gelschreiber.
Am linken Rand Goldkordel um die Kartenvorderseite binden. Aus Computerpapier ein Rechteck (13 × 18 cm) zuschneiden und zwischen Karteninnenseite und Goldkordel stecken.

## Liebes Geburtstagskind!

### ■ Material

Karte aus Wellpappe natur, dicker und dünner Draht, Kombizange, Blattgirlande, Glasstein mit Loch, Bastelmesser, Heißklebepistole, Computerpapier, Wellpappe natur, Zeichenpapier

Zunächst ein 30 cm langes Drahtstück zuschneiden und daraus ein Herz biegen. Dabei an der unteren Herzspitze beginnen, sodass das lange Endstück gerade nach unten gebogen werden kann. Danach das Herz und den „Stamm" mit der Blattgirlande umschlingen. Den Glasstein auf dünnen Draht fädeln und diesen um die Herzmitte wickeln.

Nun jeweils 2, 3, 6 und 7 cm vom unteren Rand entfernt mittig einen 2 cm langen horizontalen Schlitz in die Kartenvorderseite schneiden. Das lange Herzendstück durch die Schlitze stecken und gegebenenfalls mit der Kombizange passend kürzen. Dann das Herz mit Heißkleber auf der Karte fixieren.
Nun wird der Text am Computer erstellt und grün ausgedruckt. Die Textzeile auf einen etwas größeren Wellpappestreifen kleben. Das Ganze an den Schmalseiten mit Heißkleber versehen und am unteren Rand auf der Karte platzieren. Anschließend schneiden Sie ein Rechteck (14 × 20 cm) aus Zeichenpapier zu und befestigen es auf den Innenseiten der Karte.

## Drahtschnecke

### ■ Material

Karte aus Pappe hellbraun, Tonkarton dunkelblau, Pappe hellbraun, Gelschreiber silber, Naturpapier dunkelblau, Transparentpapier, Kohlepapier, Lochzange, Computerpapier, dünner Draht, Heißklebepistole, Streuteil: Stift

Schneiden Sie ein Rechteck (14 × 10 cm) aus dunkelblauem Tonkarton zu und befestigen Sie es auf der Vorderseite der Karte. Dann ein Rechteck (10,5 × 7 cm) aus Pappe zuschneiden und etwas nach oben versetzt auf das Tonpapier kleben. Die beiden Rechtecke mit silbernem Gelschreiber umrahmen. Anschließend wird 3 cm vom unteren Kartenrand entfernt ein blauer Naturpapierstreifen (9,5 × 3 cm) aufgeklebt. Nun wird die Vorlage für den Textstreifen auf Pappe übertragen (siehe Seite 6). Schneiden Sie beide Teile aus und kleben Sie sie der Vorlage entsprechend aufeinander. Die Löcher werden mit der Lochzange eingestanzt. Danach den Text am Computer erstellen und blau ausdrucken. Die Textzeilen ausschneiden und auf den vorbereiteten Streifen kleben.
Ein 25 cm langes Drahtstück zuschneiden und durch die Löcher des Textstreifens ziehen. Die Drahtenden werden jeweils eingerollt und dann mit Heißkleber auf dem Naturpapierstreifen

fixiert. Einige kurze Drahtstücke zu Schnecken biegen und auf der Karte verteilt aufbringen. Zuletzt den Stift in der linken oberen Ecke der Karte aufkleben.

## Denk' ich an dich, denkst du an mich!

### ■ Material
Karte aus Naturpapier weiß, Tonpapier weiß, blau, Gelschreiber silber, Computerpapier, Zackenschere, dünner Draht, Heißklebepistole

Zunächst aus weißem Tonpapier ein Rechteck (15 × 10,5 cm) zuschneiden und auf der Innenseite der Karte befestigen. Dann am oberen und unteren Rand der Kartenvorderseite eine Linie mit silberfarbenem Gelschreiber ziehen. Nun wird der Text am Computer erstellt und in Blau ausgedruckt. Die Textzeilen in Form eines Rechtecks (3,5 × 10,5 cm) zuschneiden und mittig auf die Vorderseite der Karte kleben. Aus blauem Tonpapier mit der Zackenschere zwei Streifen (je 10,5 × 1 cm) zuschneiden und jeweils am oberen und unte-

ren Rand des Textstreifens aufkleben. Anschließend den Namenszug aus Draht biegen und oberhalb der Textzeilen mit Heißkleber auf der Karte fixieren.

## Geburtstage sind zum ...

### ■ Material
Karte aus Tonkarton beige, Naturpapier weiß, Gelschreiber silber, dünner Draht, Strohseide orange, Lochzange, Computerpapier, Heißklebepistole, Juteschnur orange

Aus weißem Naturpapier ein Rechteck (10 × 9 cm) zuschneiden und mit Klebestift auf der Vorderseite der Karte aufbringen. Dann das Rechteck mit silberfarbenem Gelschreiber umrahmen. Am linken Rand der Karten-

vorderseite eine silberfarbene Linie ziehen. Nun sieben 10 cm lange Drahtstücke zuschneiden und daraus einen „Strauß" erstellen. Die Blütenvorlage siebenmal auf Strohseide übertragen. Die Blüten werden ausgeschnitten und mittig gelocht. Danach jede Blüte mit einem zusätzlichen, kleineren Loch versehen, jeweils ein Drahtstielende durchstecken und umbiegen. Anschließend erstellen Sie den Text am Computer und drucken ihn in Blau aus. Die Textzeilen ausschneiden und jeweils an eine Drahtblume kleben. Der Drahtstrauß wird mit Heißkleber auf der Karte fixiert. Ein Herz aus Draht formen und dieses unterhalb des Straußes anbringen. Zuletzt am linken Rand Juteschnur um die Vorderseite der Karte binden.

## Einladung zum asiatischen Menü

■ **Material**

Karte aus Tonkarton rot, Naturpapier schwarz, Wellenschere, chinesischer Kalender, Tonkarton weiß, Zirkel, Lochzange, Holzstreuteil: Fisch mit Loch, Paketschnur, 2 Holzzahnstocher, Filzstift rot, schwarz, Geschenkband grün, Heißklebepistole, Computerpapier

Schneiden Sie aus schwarzem Naturpapier zwei Streifen (je 10,5 × 3 cm) zu. Je eine lange Seite wird mit der Wellenschere nachgeschnitten. Dann werden die Streifen mit Klebestift jeweils am unteren und am oberen Rand so auf der Karte befestigt, dass die gewellten Seiten zur Kartenmitte weisen.
Aus einem chinesischen Kalender ein Rechteck (9 × 7,5 cm) ausschneiden und mittig auf die Karte kleben. Dann mit dem Zirkel einen Kreis mit einem Durchmesser von 5,5 cm auf weißem Tonkarton einzeichnen und ausschneiden. Den Kreis in der Mitte durchschneiden und eine Hälfte am oberen Rand mit zwei Löchern versehen. Anschließend ein Stück Paketschnur am Fisch befestigen und das andere Schnurende durch die eingestanzten Löcher ziehen.
Die Spitzen der Holzzahnstocher abschneiden und die Enden mit Filzstift schwarz-rot bemalen. Danach die Zahnstocher mit

grünem Geschenkband zusammenbinden und mit Heißkleber auf der zweiten Kreishälfte fixieren. Die Halbkreise werden im Abstand von 5 mm auf dem Kalenderausschnitt angebracht. Nun erstellen Sie den Text am Computer und drucken ihn schwarz aus. Die Textzeile ausschneiden und auf den unteren schwarzen Naturpapierstreifen kleben.

## Der Fisch ...

■ **Material**

Karte aus Tonkarton mit Muschelmotiven, Serviette mit Fischmotiv, Tonkarton weiß, Spezialkleber, Pinsel, Computerpapier

Den Fisch mit etwas Zugabe aus der Serviette ausschneiden und mit Spezialkleber auf dem weißen Tonkarton befestigen (siehe Seite 6). Nach dem Trocknen des Klebers das Motiv entlang den Konturen ausschneiden und mit Klebestift auf die Vorderseite der Karte aufbringen.
Nun den Text am Computer erstellen und in Orange ausdrucken. Die Textzeilen ausschneiden. Der kleinere Streifen wird oberhalb, der größere unterhalb des Fisches auf die Karte geklebt.

## Einen märchenhaften Geburtstag!

■ **Material**

Karte aus Tonkarton rot, Tonkarton weiß, gold, Serviette mit orientalischem Motiv, Spezialkleber, Pinsel, Tonpapier rot, Klebepads, Holzstreuteil: Stern, dünner Draht

Zunächst schneiden Sie ein Rechteck (11 × 8 cm) aus weißem Tonkarton aus und befestigen es mit Klebestift auf der Innenseite der Karte. Dann ein Rechteck (16 × 11 cm) aus der Serviette ausschneiden und den Ausschnitt mit Spezialkleber auf weißem Tonkarton befestigen (siehe Seite 6). Nach dem Trocknen ein Rechteck (14 × 9 cm) aus dem Motiv ausschneiden und mit Klebestift mittig auf die Vorderseite der Karte aufbringen.
Anschließend erstellen Sie den Text am Computer und drucken ihn auf rotem Tonpapier in Schwarz aus. Die Textzeile ausschneiden und auf einen etwas größeren goldfarbenen Tonkartonstreifen kleben. Das Ganze wird mit Klebepads 2 cm vom unteren Rand entfernt auf der Karte befestigt.
Den Holzstern mit Heißkleber in der linken oberen Ecke an der Karte anbringen. Danach ein Stück Draht an den Enden einrollen und das eine Ende auf dem Stern fixieren.

DER FISCH...

...IST IN DER FENG-SHUI LEHRE
EIN VORZÜGLICHES ERFOLGSSYMBOL.
ER IST EIN ZEICHEN FÜR
HEREINSTRÖMENDEN REICHTUM
UND SOLLTE AM EINGANG
PLATZIERT WERDEN.

Einen märchenhaften Geburtstag!

OMmmm...!

## Frühling

■ **Material**

Karte aus Tonkarton hellgrün, Tonpapier weiß, Computerpapier, Tonkarton weiß, hellgrün, Filzstift grün, Stickgarn grün, Bilder mit Schmetterlingsmotiven, Klebepads, Filzstift schwarz

Aus weißem Tonpapier ein Rechteck (14 × 9,5 cm) zuschneiden und mit Klebestift auf der Vorderseite der Karte befestigen.

Dann den Text am Computer erstellen und grün ausdrucken. Die Textzeile ausschneiden und auf einen etwas größeren hellgrünen Tonkartonstreifen kleben. Das Ganze wird 1 cm vom rechten Rand entfernt auf die Karte aufgebracht.
Nun sieben Schmetterlinge mit etwas Zugabe ausschneiden und auf weißen Tonkarton kleben. Danach die Motive entlang den

Konturen ausschneiden und jeweils mit zwei Klebepads auf der Karte fixieren. Anschließend zeichnen Sie jedem Schmetterling mit schwarzem Filzstift Fühler auf.
Zuletzt am linken Rand grünes Stickgarn um die Karte binden.

## Sommer

■ **Material**

Karte aus Tonkarton grün, Naturpapier weiß, Gardinenstoffrest weiß, Serviette mit Mohnblumenmotiven, Spezialkleber, Pinsel, Computerpapier, Tonkarton grün, Nähgarn weiß, Nähnadel

Zunächst schneiden Sie jeweils ein Rechteck (14,5 × 9 cm) aus Naturpapier und Gardinenstoff aus. Dann zwei Mohnblumen aus der Serviette ausschneiden und mit Spezialkleber auf dem Gardinenstoff befestigen (siehe Seite 6). Lassen Sie den Kleber gut trocknen.
Nun erstellen Sie den Text am Computer und drucken ihn in Grün und Rot aus. Die Textzeile ausschneiden und auf einen etwas größeren grünen Tonkartonstreifen kleben. Anschließend den verzierten Gardinenstoff auf das Naturpapier legen und den Textstreifen zwischen die beiden Lagen schieben. Dann den Stoff mit großen Stichen auf das Naturpapier nähen. Zum Schluss wird

von der Unterkante entfernt am linken Rand zweimal lochen. Nun die Vorlage für den Textrahmen auf roten Tonkarton übertragen (siehe Seite 6) und den Rahmen ausschneiden. Das Loch wird mit der Lochzange eingestanzt. Den Text am Computer erstellen und rot ausdrucken. Die Zeilen werden ausgeschnitten und von hinten an den vorbereiteten Rahmen geklebt.

Den Textstreifen am linken Rand lochen und mit Juteschnur an der Karte anbringen.

das Ganze mit Klebestift mittig auf der Vorderseite der Karte fixiert.

## Herbst

### ■ Material

Karte aus Tonkarton hellrot, Tonkarton hellrot, dunkelbraun, Wellenschere, Naturpapier hellrot, hellbraun, Herbstblatt, Lochzange, Transparentpapier, Kohlepapier, Computerpapier, Juteschnur orange

Schneiden Sie aus braunem Tonkarton ein Rechteck (12 × 9,5 cm) zu und befestigen Sie es mit Klebestift mittig auf der Vorderseite der Karte. Aus rotem Naturpapier ein 10,5 × 8 cm großes, aus hellbraunem Naturpapier ein 9 × 7,5 cm großes und aus braunem Tonkarton ein 8,5 × 6,5 cm großes Rechteck zuschneiden. Das Tonkartonrechteck wird an der Unterkante mit der Wellenschere nachgeschnitten. Kleben Sie erst das rote, danach das hellbraune und dann das braune Rechteck auf die Karte. Anschließend wird das Herbstblatt aufgebracht. Die Karte 3,5 cm

# Winter

## ■ Material

Karte aus Tonkarton weiß, Geschenkpapier mit winterlichem Motiv, Tonkarton weiß, Gelschreiber silber, Computerpapier, Streuteile: 3 Schneeflocken, Heißklebepistole

Schneiden Sie aus Geschenkpapier ein Rechteck (11,5 × 9 cm) und einen Streifen (9 × 1,5 cm) zu. Das Rechteck wird 1 cm vom oberen Rand entfernt mit Klebestift auf der Vorderseite der Karte befestigt. Anschließend einen Streifen (15 × 2,5 cm) aus weißem Tonkarton zuschneiden und 2 cm vom linken Rand entfernt auf die Karte kleben. Dann den Streifen aus Geschenkpapier unterhalb des Rechtecks aufbringen. Geschenkpapierrechteck und -streifen werden mit silberfarbenem Gelschreiber umrahmt.

Nun erstellen Sie den Text am Computer und drucken ihn in Blau aus. Die Textzeile ausschneiden und auf einen etwas größeren weißen Tonkartonstreifen kleben. Danach das Ganze auf dem Geschenkpapierstreifen befestigen. Zuletzt werden die drei Schneeflocken mit Heißkleber auf dem weißen Tonkarton fixiert.

In der Natur ist eine große HARMONIE, ähnlich wie sie Freunde erfahren.

Der Mohn ist aufgegangen

FRÜHLING

Und wer im Januar geboren ist

## Von Herzen

### ■ Material

Karte aus Pappe hellbraun, Transparentpapier, Kohlepapier, Packpapier, Gelschreiber gold, Sisal beige, doppelseitiges Klebeband, Streuteile: Engelsflügel, Herz, Heißklebepistole, Tonkarton gold, Pappe hellbraun, Lochzange, Goldkordel

Aus der Vorderseite der Karte mittig ein Rechteck (10 × 6,5 cm) herausschneiden. Dann die Rahmenvorlage auf Packpapier übertragen (siehe Seite 6). Den Rahmen ausschneiden und mit Klebestift rund um den Ausschnitt auf der Karte befestigen.

Der gewellte Rand wird mit Gelschreiber goldfarben umrahmt. Die Öffnung von hinten mit doppelseitigem Klebeband umkleben. Sisal zu einem Büschel formen, flach drücken und so am Klebeband befestigen, dass der Ausschnitt vollständig mit Sisalfäden bedeckt ist. Überstehende Fäden werden abgeschnitten. Danach an der Vorderseite die Engelsflügel und das Herz mit Heißkleber auf dem Sisal fixieren. Anschließend den Text am Computer erstellen und auf Packpapier in Blau ausdrucken. Die Textzeile ausschneiden und auf einen etwas größeren goldenen Tonpapierstreifen kleben. Das Ganze

wiederum auf einem etwas größeren Streifen aus Pappe befestigen. Am linken Rand ein Loch einstanzen.
Die Karte in der linken unteren Ecke mit zwei untereinander liegenden Löchern versehen. Den Textstreifen mit Goldkordel an der Karte befestigen.

## Dein ganz persönlicher Schutzengel

### ■ Material

Karte aus Pappe hellbraun, Tonkarton weiß, Pappe, Transparentpapier, Kohlepapier, Bastelmesser, Acrylfarbe weiß, blau, Schwammpinsel, Holzstreuteile: Mond, Engel, Handbohrer, Stickgarn weiß, Sticknadel, Heißklebepistole, Computerpapier

Zunächst aus weißem Tonkarton ein Rechteck (14,5 × 9,5 cm) zuschneiden und auf der Innenseite der Karte befestigen. Anschließend die Vorlage für die Wolkenschablone auf Pappe übertragen (siehe Seite 6) und die Form mit dem Bastelmesser zuschneiden. Nun die Schablone an den gewünschten Stellen auf die Kartenvorder- und -rückseite legen und mit dem Schwammpinsel die Farbe aufbringen. Zuerst werden die weißen Wolken aufgebracht, nach dem Trocknen der Farbe tupfen Sie die blauen Wolken auf. Die Farbe wiederum trocknen lassen.

Danach mit dem Handbohrer jeweils ein Loch in den Mond und in den Engel bohren. Den Mond mit der Sticknadel auf Stickgarn fädeln und dieses am linken Rand um die Vorderseite der Karte binden. Dann aus weißem Tonkarton den Anfangsbuchstaben des Geburtstagskindes ausschneiden und mit Stickgarn am Engel anbringen. Das Ganze wird mit Heißkleber auf der Karte fixiert. Am Computer den Text erstellen und in Blau ausdrucken. Die Textzeilen ausschneiden und auf eine Wolke kleben.

## Glücksstern

 **Material**

Karte aus Wellpappe braun, Strohseide blau mit Goldtupfen, Computerpapier, Packpapier, Tonkarton gold, Klebepads

Schneiden Sie zunächst ein Rechteck (14 × 10 cm) aus blauer Strohseide zu und befestigen Sie es mit Klebestift auf der Vorderseite der Karte. Anschließend den Text am Computer erstellen und blau ausdrucken. Die Textteile ausschneiden und jeweils auf einen etwas größeren Packpapierstreifen kleben. Ein Textstreifen wird horizontal

am oberen, der andere vertikal am rechten Kartenrand aufgebracht. Nun einen Stern mit einem Durchmesser von 6 cm aus goldfarbenem Tonkarton zuschneiden und auf einen etwas größeren Packpapierstern kleben. Fixieren Sie den Stern mit Klebepads auf der Strohseide.

## Nimm dir Zeit ...

**Material**

Karte aus Tonkarton gelb, Lochzange, Stickgarn weiß, Sticknadel, Naturpapier weiß, Computerpapier, Metallstreuteile: 3 Sterne

Aus der Vorderseite der Karte mittig ein Rechteck (11 × 7,5 cm)

herausschneiden. Die Konturlinien dürfen ruhig etwas schräg verlaufen. Dann den entstandenen Rahmen am linken und rechten Rand in unterschiedlichen Abständen jeweils mit drei Löchern versehen. Je zwei gegenüberliegende Löcher werden mit Stickgarn verbunden. Die Garnenden innen festkleben. Nun ein Rechteck (15 × 10,5 cm) aus Naturpapier zuschneiden. Danach den Text am Computer erstellen und in Blau ausdrucken. Schneiden Sie die Textzeilen aus und bringen Sie sie etwas nach oben versetzt auf das Naturpapier auf. Das Ganze wird von hinten an den Rahmen geklebt. Zum Schluss die Sterne mit Heißkleber fixieren.

## Vollkommen fix und 40!

### ■ Material

Karte aus Tonkarton hellblau, Tonpapier weiß, Zirkel, Bastelmesser, Lochzange, Overheadfolie, Computerpapier, Stickgarn weiß, Klebepads

Zunächst aus weißem Tonpapier ein Rechteck (14 × 10 cm) zuschneiden und auf die Innenseite der Karte aufbringen. Dann mit dem Zirkel zwei Kreise mit einem Durchmesser von 4 cm und sechs weitere, kleinere Kreise auf die Vorderseite der Karte zeichnen. Alle Kreise mit dem Bastelmesser herausschneiden. Danach in der linken oberen Ecke zwei untereinander liegende Löcher in die Kartenvorderseite stanzen. Nun wer-

den die Zahlen und die Textzeile am Computer erstellt. Die Zahlen bunt auf Overheadfolie und den Text in Blau auf Computerpapier ausdrucken. Schneiden Sie die Zahlen in passender Größe aus und kleben Sie sie von hinten an den Rand der jeweiligen Öffnung. Anschließend den Textstreifen auf einem der beiden größeren ausgeschnittenen Tonkartonkreise befestigen. Der zweite Kreis wird mit Klebepads von hinten an den ersten geklebt. Das Ganze am oberen Rand lochen und mit Stickgarn an der Karte anbringen.

## Mit 40 wird man erst würzig

### ■ Material

Karte mit Rücken (5 mm breit) aus Tonkarton hellrot, Tonpapier

weiß, Naturpapier hellrot, Zirkel, Bastelfolie, 3 Pappböden von Silvester-Tischfeuerwerken, getrockneter Rosmarin, Paprika-, Currypulver, Alleskleber, Computerpapier, Lochzange, Juteschnur orange

Aus weißem Tonpapier einen Streifen (14,5 × 6,5 cm) zuschneiden und am linken Rand auf der Vorderseite der Karte befestigen. Dann schneiden Sie einen Streifen (13 × 6 cm) aus rotem Naturpapier zu und kleben ihn mittig auf das weiße Tonpapier. Nun 1,5 cm vom linken Rand entfernt in gleichmäßigen Abständen mit dem Zirkel drei Kreise mit einem Durchmesser von 3 cm einzeichnen und ausschneiden. Einen Streifen (14 × 5 cm) aus Bastelfolie zuschneiden und von hinten gegen die Öffnungen kleben. Die Pappböden vom Tischfeuerwerk jeweils mit Rosmarin, Paprika und Curry füllen. Die Böden an den Rändern mit Alleskleber bestreichen und von hinten an die Kreisränder kleben. Den Kleber trocknen lassen. Anschließend wird der Text am Computer erstellt und in Orange ausgedruckt. Die Textzeile ausschneiden und auf einem etwas größeren roten Naturpapierstreifen befestigen. Das Ganze wird wiederum auf einem etwas größeren weißen Tonpapierstreifen fixiert. Danach 5 cm vom oberen Rand entfernt mittig ein Loch in die Karten-

vorderseite stanzen. Den Textstreifen am linken Rand lochen
und mit Juteschnur an der Karte
anbringen.

## Es ist wieder ein neuer Fünfziger im Umlauf

**■ Material**
Karte aus Tonkarton grau, Farb-
kopie eines 50-Euro-Spielgeld-
scheins (14 × 8 cm), Tonkarton
weiß, grau, Foto des Geburtstagskindes, Alleskleber, Computerpapier

Diese Glückwunschkarte ist als
Querformat angelegt.
Aus weißem Tonkarton ein 8 cm
hohes und 14 cm breites Rechteck zuschneiden und von hinten
am Spielgeld befestigen. Dann
in passender Größe das Portal
aus dem Geldschein
herausschneiden und
das Foto des Geburts-
tagskindes mit Alles-
kleber von hinten
gegen die Öffnung
kleben. Nach dem
Trocknen des Klebers
wird das Ganze etwas
nach oben versetzt auf
der Vorderseite der
Karte aufgebracht. Den
Kleber gut trocknen
lassen.
Nun den Text am Com-
puter erstellen und
schwarz ausdrucken.
Die Textzeile ausschnei-
den und 1 cm vom un-

teren Rand entfernt auf die Karte
kleben. Dann aus grauem Tonkarton einen 15 cm × 3 mm
großen sowie zwei 2,5 cm ×
3 mm große Streifen zuschneiden. Den langen Streifen mit
Klebestift am unteren Rand des
Textes anbringen, die beiden
kurzen Tonkartonstücke werden
unterhalb des Fotos aufgeklebt.

## Fetzig! Oma wird 60!

**■ Material**
Karte mit zweiteiliger Vorderseite aus Tonkarton helllila,
Zirkel, Gelschreiber silber, Overheadfolie, Alleskleber, Blümchen-
knöpfe, Nähgarn weiß, Nähnadel,
Kordel weiß

Mit dem Zirkel einen Kreis mit
einem Durchmesser von 6 cm
etwas nach oben versetzt auf

der Karte markieren. Den Kreis
aus Vorder- und Rückseite herausschneiden. Umranden Sie
anschließend die Kreisöffnung
auf den Kartenvorderseiten mit
Gelschreiber in Silber und bringen Sie 5 mm vom Rand entfernt einen silbernen Rahmen
auf die Karte auf. Danach wird
der Text am Computer erstellt
und auf Overheadfolie in Lila
ausgedruckt. Die Textzeilen in
Form eines Kreises mit einem
Durchmesser von 8 cm aus-
schneiden und den Kreis mit
Alleskleber auf der Rückseite der
Karte befestigen. Nun 2,5 cm
unterhalb der Kreisöffnung auf
jedem Flügel der Kartenvorderseite jeweils einen Blümchen-
knopf mit weißem Nähgarn
annähen. Zum Schluss ein kur-
zes Stück Kordel um die Knöpfe
binden.

## Von Herzen

■ **Material**

Karte aus Tonkarton rot, Tonpapier weiß, Transparentpapier, Kohlepapier, Bastelmesser, Lochzange, Lochnieten, Nietenzange, Geschenkband rot, Gelschreiber gold, Computerpapier

Aus weißem Tonpapier ein Rechteck (14,5 × 9,5 cm) zuschneiden und mit Klebestift auf der Innenseite der Karte befestigen. Danach aus der Kartenvorderseite mittig ein Rechteck (11 × 6,5 cm) herausschneiden und dieses auf das Format 10 × 6 cm verkleinern. Nun die Vorlage für den Herzausschnitt auf das vorbereitete Tonkartonrechteck übertragen (siehe Seite 6) und die Herzkonturen mit dem Bastelmesser herausschneiden. In allen vier Ecken des Rechtecks ein Loch einstanzen. Die Kartenvorderseite an den inneren Eckpunkten des verbliebenen Rahmens lochen. Dann durch alle acht Löcher eine Lochniete stecken und mit der Nietenzange fixieren. Das Rechteck im Kartenausschnitt platzieren und die einander gegenüberliegenden Löcher je-

weils mit Geschenkband verbinden.
Anschließend den Text am Computer erstellen und in Rot ausdrucken. Die Textzeile ausschneiden und den Streifen auf das Herz kleben.

## Heart, aber herzlich

■ **Material**

Karte aus Tonkarton rot, Zeichenpapier, Computerpapier, Tonkarton weiß, rot, Klebepads, Styroporherz, Messer, Strohseide rot, Styroporkleber, Lochzange

Zunächst ein Rechteck (14,5 × 19 cm) aus Zeichenpapier zuschneiden und mit Klebestift auf den Innenseiten der Karte befestigen. Den Text am Computer erstellen und in Rot ausdrucken. Die einzelne Textzeile ausschneiden und auf einen etwas größeren weißen Tonkartonstreifen kleben. Dann das Ganze wiederum auf einem etwas größeren roten Streifen aus Tonkarton fixieren. Schneiden Sie aus dem übrigen Text einen Streifen (16 × 7 cm) zu und kleben Sie ihn schräg um die obere Hälfte der Kartenvorderseite. Die auf Tonkarton aufgebrachte Textzeile wird mit Klebepads 3 cm vom unteren Rand entfernt mittig auf der Karte befestigt.

Nun das Styroporherz halbieren. Aus Strohseide kleine Stücke reißen und die Vorderseite einer Herzhälfte damit bekleben. Anschließend bringen Sie die Herzhälfte mit Styroporkleber mittig auf der Karte auf. Danach zwei kleine Herzen aus Strohseide zuschneiden, mit Klebestift auf weißen Tonkarton kleben und erneut ausschneiden. Am rechten Rand 2 cm und 7 cm von der Unterkante entfernt je ein Loch in die Karte stanzen. Die beiden Herzen werden ebenfalls gelocht und mit Stickgarn an die Karte gebunden.

## Herz, was willst du mehr?

■ **Material**

Karte aus Tonkarton weiß, Streuteile: 15 Herzen mittig ausgestanzt, 14 kleinere Herzen, Heißklebepistole, Computerpapier, Tonkarton weiß, Stickgarn weiß, Sticknadel

Die in der Mitte ausgestanzten Herzen in Dreierreihen mit Heißkleber auf der Vorderseite der Karte befestigen. Dann den Text am Computer erstellen und in Rot ausdrucken. Die Textzeile ausschneiden und auf einen etwas größeren weißen Tonkartonstreifen kleben. Am linken Rand mit der Sticknadel Stickgarn befestigen.

Nun durch jede Herzmitte mit der Sticknadel von hinten nach vorne ein 3 cm langes Stück Stickgarn ziehen. Die hinteren Garnenden jeweils mit einem Knoten fixieren, an den vorderen Enden mit Heißkleber je ein kleines Herz befestigen. Das in der Mitte befindliche Herz aussparen. Dort wird zum Schluss der Textstreifen angebracht.

## Von Herzen das Allerbeste

■ **Material**
Karte mit zweiteiliger Vorderseite aus Aquarellpapier, Bastelmesser, Lochzange, Transparentpapier, Kohlepapier, Tonkarton rot, Computerpapier, Holzstreuteil: Herz, Heißklebepistole

In jeden Flügel der Kartenvorderseite jeweils 2 cm vom äußeren Rand entfernt mittig einen 4,5 cm langen Schlitz schneiden. An jedem Schlitzende ein Loch einstanzen.

Nun die Vorlage für den Verbindungsstreifen auf roten Tonkarton übertragen (siehe Seite 6) und den Streifen ausschneiden. Dann erstellen Sie den Text am Computer und drucken ihn in Rot aus. Die Textzeile ausschneiden und mit Klebestift

am unteren Rand des Streifens befestigen.
Danach wird das Holzherz mit Heißkleber oberhalb des Textes fixiert. Anschließend den Verbindungsstreifen zunächst von hinten in den linken, dann von vorne in den rechten Schlitz schieben.

## Talisman

### ■ Material

Karte aus Aquarellpapier, Präge-
stift, Lochzange, Holzbuchstabe,
Handbohrer, Stickgarn weiß,
Sticknadel, Overheadfolie

Auf die linke Innenseite der Karte
mit dem Prägestift 5 mm vom
Rand entfernt einen Rahmen
zeichnen. Dann in die Kartenvorderseite 3 cm vom oberen Rand
entfernt mittig zwei untereinander liegende Löcher stanzen.

Am oberen Rand mit dem Handbohrer ein Loch in den Holzbuchstaben bohren und diesen
nun mit Stickgarn an der Karte
befestigen.
Anschließend wird der Text am
Computer erstellt. Die Textzeile
auf Overheadfolie in
Braun ausdrucken
und in Form eines
Streifens (20,5 ×
4,5 cm) ausschnei-
den. Die schmalen
Ränder jeweils mit
einem Loch versehen.
Den Folienstreifen
mittig um die Karte
legen und die
Schmalkanten an der
Rückseite mit Stick-
garn verbinden.

## Horoskop

### ■ Material

Karte aus Computer-
papier, festes Per-
gamentpapier weiß,
Bild mit Sternzeichen-
motiv, Gelschreiber
gold, Filzstift
schwarz, Lochzange,
Musterklammer

Aus Pergamentpapier
ein Rechteck (15 ×
20 cm) ausschneiden.
Das Rechteck so
um die Karte legen
und falten, dass
der rechte Rand der
Kartenvorderseite
1 cm übersteht.

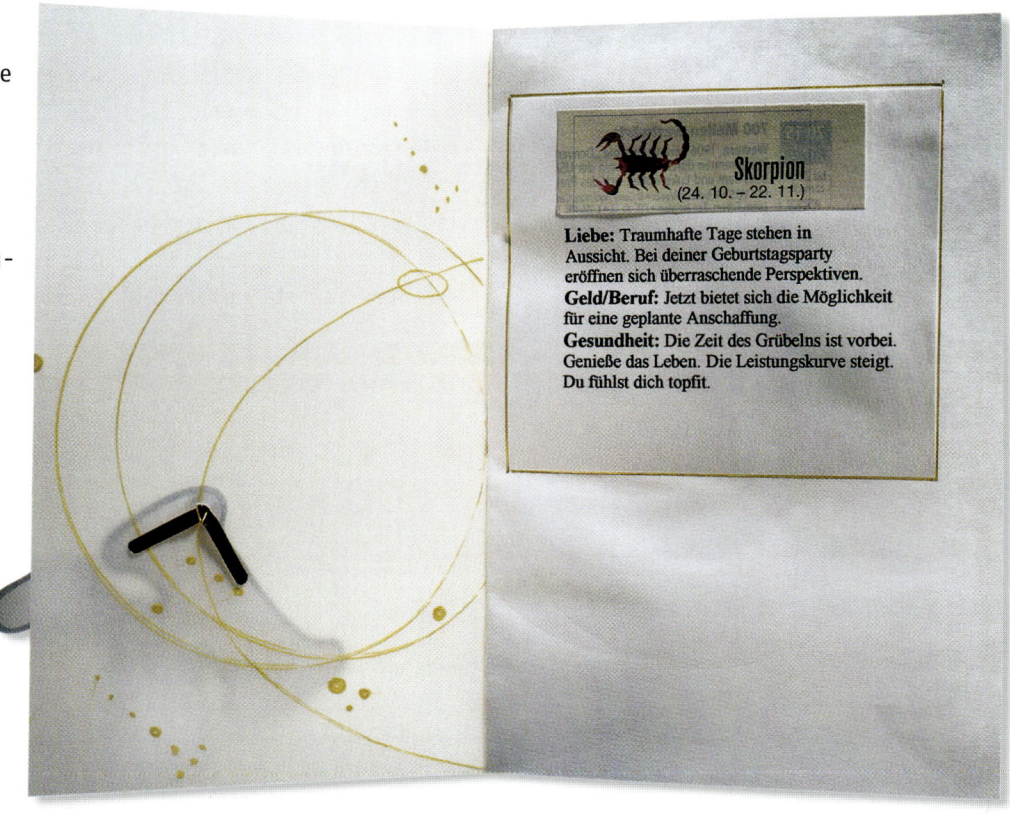

Dann die Kartenrückseite mit Klebestift bestreichen und das Pergamentpapier fixieren. Nun wird ein fiktiver Horoskoptext am Computer erstellt und schwarz ausgedruckt. Den Text mit etwas Zugabe quadratisch ausschneiden und am oberen Rand des Quadrats das ausgeschnittene Sternzeichenmotiv aufkleben. Das Ganze auf das Computerpapier aufbringen und mit Gelschreiber goldfarben umranden. Dann auf das Pergamentpapier goldene Kreise und Sternbilder zeichnen. Anschließend schneiden Sie den Anfangsbuchstaben des Geburtstagskindes aus Computerpapier aus und betonen die Ränder mit schwarzem Filzstift. Stanzen Sie in der unteren Hälfte der Pergamentvorderseite ein Loch ein und befestigen Sie dort den Buchstaben mit einer Musterklammer.

## Ganz liebe Wünsche

■ **Material**
Karte aus festem Pergamentpapier weiß, Overheadfolie, Nähgarn, Nähnadel, Streuteile: 3 Sonnen, Heißklebepistole

Drucken Sie den Glückwunschtext auf Overheadfolie in Schwarz aus.

Dann die Folie in Form eines Rechtecks (15 × 21 cm) so zuschneiden, dass sich der Text auf der rechten Hälfte befindet. Nun legen Sie die Folie um die Karte und verbinden beide Papierlagen am Falz mit einigen Stichen mit Nähgarn.
Zum Schluss werden die drei Sonnen oberhalb der Textzeilen mit Heißkleber aufgebracht.

## Blümchenkranz

■ **Material**
Karte aus festem Pergamentpapier weiß, Tonkarton beige, Computerpapier, Overheadfolie, Alleskleber, Stoffstreuteile: 8 Blüten, Heißklebepistole

Schneiden Sie aus beigefarbenem Tonkarton ein Rechteck (15 × 10,5 cm) zu und befestigen Sie es mit Klebestift auf der Innenseite der Karte. Dann wird der Glückwunschtext am Computer erstellt und auf Computerpapier und Overheadfolie in Schwarz ausgedruckt.
Das bedruckte Computerpapier in Form eines Streifens (10,5 × 4 cm) zuschneiden und 2 cm vom unteren Rand entfernt auf die Karte kleben. Nun aus der Overheadfolie zwei Textstreifen (je 10,5 × 1 cm) zuschneiden und mit Alleskleber auf das Computerpapier kleben. Anschließend fixieren Sie die Stoffblüten oberhalb des Textes kreisförmig angeordnet mit Heißkleber auf der Karte.

# Geschenkanhänger

## ■ Material

Sperrholz (7 mm dick), Laubsäge, Schleifpapier, Acrylfarbe beige, Pinsel, Serviette mit Lavendelmotiv, Spezialkleber, Bohrmaschine, Holzbohrer, Geschenkband lila

Mit der Laubsäge Rechtecke (je 7 × 3,5 cm) in gewünschter Anzahl aus Sperrholz zusägen und die Schnittkanten mit Schleifpapier glätten. Dann werden die Holzstücke mit Acrylfarbe in Beige grundiert. Die Farbe gut trocknen lassen. Nun für jeden Anhänger ein Lavendelsträußchen passend aus der Serviette ausschneiden. Befestigen Sie auf jedem Holzrechteck ein Motiv mit Spezialkleber (siehe Seite 6) und lassen Sie das Ganze gut trocknen.

> **Tipp:**
> Die Geschenkanhänger können sehr gut mit der duftenden Lavendel-Karte (Seite 19) kombiniert werden.
> Die Anhänger können auch als dekorative Serviettenhalter eingesetzt werden.

Anschließend am oberen Rand jeweils zwei Löcher in die Rechtecke bohren. Ziehen Sie Geschenkband durch die Löcher und befestigen Sie die Anhänger an den Geschenken. Die Bandenden werden zu einer Schleife gebunden.

# Zehn selbst gefertigte Karten

## ■ Material

10 selbst gebastelte Glückwunschkarten, 10 Umschläge in verschiedenen Farben, 10 Briefmarken, Geschenkband gemustert (4 cm breit)

Stecken Sie jeweils eine selbst gebastelte Glückwunschkarte in einen Umschlag und versehen Sie diesen mit einer Briefmarke. Geschenkband um den Stapel wickeln und zu einer Schleife binden.
So entsteht ein phantasievolles, individuelles Geschenk, das das Geburtstagskind sicherlich sehr gut gebrauchen kann.

## Frohe Weihnachten

### ■ Material

Karte aus Wellpappe braun, Strohseide rot, Computerpapier, Packpapier, Tonkarton gold, Klebepads

Die Karte „Glücksstern" (siehe Seite 55) kann zur Weihnachtskarte verändert werden. Dafür die Strohseide in einer anderen Farbe wählen und den Textinhalt dem Anlass anpassen. Ansonsten gehen Sie entsprechend der Anleitung für die Glückwunschkarte vor.

## Na, rate mal, wen ich zu meinem Geburtstag einlade?

### ■ Material

Karte aus Tonkarton gelb, Zirkel, Tonkarton orange, rot, grün, blau, 4 kleine Perlen in verschiedenen Farben, Nähnadel, Nähgarn weiß, Computerpapier, Klebepads, runder Spiegel, Heißklebepistole

Die Glückwunschkarte „Na, rate mal, wem ich zum Geburtstag gratuliere?" (siehe Seite 8) können Sie zu einer Einladungskarte umgestalten. Folgen Sie dabei der Schritt-für-Schritt-Anleitung für die Glückwunschkarte. Verändert werden lediglich die Farben der verwendeten Tonkartons und der Perlen sowie die Textzeile.

## Umgezogen

### ■ Material

Karte aus Naturpapier weiß, Tonpapier weiß, Lochzange, Tonkarton weiß, rot, Lochniete, Nietenzange, Geschenkband rot, Computerpapier

Die Geburtstagskarte „Kleiner Gruß" (siehe Seite 9) wurde hier in eine Umzugskarte umgewandelt. Verändern Sie den Text und befestigen Sie statt des Streuteils ein aus rotem Tonkarton zugeschnittenes Häuschen auf dem weißen Tonpapierrechteck. Alle übrigen Arbeitsschritte entsprechen der Anleitung für die Geburtstagskarte.

Die Deutsche Bibliothek – CIP-Einheitsaufnahme
Ein Titeldatensatz für diese Publikation ist bei Der Deutschen Bibliothek erhältlich.
ISBN 3-332-01317-3

www.dornier-verlage.de
www.urania-ravensburger.de
1. Auflage Februar 2002
© 2002 Urania Verlag, Berlin
Der Urania Verlag ist ein Unternehmen der Verlagsgruppe Dornier.
Alle Rechte vorbehalten.
Umschlaggestaltung: Behrend & Buchholz, Hamburg
Fotos: die lichtgestalten, Berlin
Modelle: Sabine Miller
Lektorat: Berliner Buchwerkstatt, Ivana Jokl/Vera Olbricht
Satz: tiff.any GmbH, Berlin
Druck: Sachsendruck, Plauen
Printed in Germany

Gedruckt auf alterungsbeständigem Papier mit chlorfrei gebleichtem Zellstoff.

Die Schreibweise entspricht den Regeln der neuen Rechtschreibung.